AKAL / PENSAMIENTO CRÍTICO

120

AF218292

Diseño interior y cubierta: RAG

Motivo de cubierta: Antonio Huelva Guerrero
Instagram: @sr.pomodoro

Título original:
*Faire justice. Moralisme progressiste et pratiques punitives
dans la lutte contre les violences sexistes*

© Elsa Deck Marsault, 2023

© Ediciones Akal, S. A., 2025
para lengua española
Sector Foresta, 1
28760 Tres Cantos
Madrid - España
Tel.: 918 061 996
atencion.cliente@akal.com
www.akal.com

ISBN: 978-84-460-5727-7
Depósito legal: M-16.624-2025

Impreso en España

Elsa Deck Marsault

Hacer justicia

Moralismo progresista
y prácticas punitivistas
en la lucha contra las violencias sexistas

Traducción de
Ana Useros Martín

akal
ARGENTINA
ESPAÑA
MÉXICO

CAPÍTULO I
En la refriega

En mi condición de bollera[1], he navegado mucho tiempo en las comunidades *queer* y feministas y he sido testigo de numerosos procesos de exclusión y de encarnizamiento colectivo: sobre las protagonistas de un conflicto político, sobre tanto las personas que son víctimas de violencia como sobre las autoras de esta o sobre sus entornos. Ya he perdido la cuenta de los testimonios escritos por parte de personas excluidas de sus ambientes después de años de lucha, así como de los redactados por los seres queridos de personas militantes que se suicidaron[2].

No me voy a centrar aquí en la responsabilidad que en estas muertes tienen la sociedad contemporánea y sus violencias. Esto es algo que, por supuesto, no debe minimizarse; sin embargo, la violencia de los espacios en los que luchamos debe reconocerse también. Si bien esta violencia se debe en buena parte a la reproducción de las relaciones estructurales de poder, la forma concreta en la que se desarrolla en el seno de los entornos militantes merece ser objeto de un análisis completo. Aunque mi experiencia en estos entornos se reduce a determinadas esferas feministas y *queer*, creo que se pueden trazar paralelismos con el resto de los espacios de la izquierda.

---

[1] Término que empleo como autodefinición, pero que se considera discriminatorio cuando se habla de otra persona y una misma no está afectada por él.

[2] Sobre este tema, véase por ejemplo E. M. Holowka, «Pour Alec. Réflexions sur la justice transformative», en Le Village, «Si vous pensez qu'ils doivent mourir…», 1, traducción y maquetación de Clément Charpentier, 2020, localizable en [zine-le-village.fr].

Desde la perspectiva del abolicionismo penal[3], impulsados por la idea de prescindir de la policía y de los tribunales, estos grupos buscan cómo sustituir estas instancias y sistemáticamente acaban por constituirse en «tribunales populares», como reacción ya sea a un simple desacuerdo o conflicto político, ya sea a una agresión, una situación de abuso o un acto de violencia[4]. En lo que a mí se refiere, mi propia experiencia y mis aprendizajes militantes me han llevado a la conclusión de que, efectivamente, es necesario aprender a prescindir de un sistema judicial que, en su forma actual, es punitivo y no transformador, que reproduce las relaciones de dominación y que no responde de manera adecuada a las necesidades de las víctimas. Pero, aunque esta intención sea loable, su aplicación concreta ya no lo es tanto, a menudo por falta del tiempo y de la energía necesarios para dedicarlos tanto a la investigación como a la implantación de las herramientas adecuadas. Las medidas son expeditivas y se aplican de manera urgente, para responder así al ritmo desenfrenado de una militancia que ya nos cuesta sostener. Teniendo en cuenta que la gestión de los conflictos o de la violencia es algo que se añade a unas agendas militantes ya bastante cargadas, a menudo es difícil encontrar grupos que se ocupen de ello de manera estable y continuada. Esta gestión, por lo tanto, termina por recaer sobre un pequeño puñado de personas, cuyos intereses y circuns-

---

[3] Abolicionismo penal: no confundir con la rama del feminismo que desea abolir el trabajo sexual. El abolicionismo penal quiere acabar con un sistema que considera opresivo. Teoriza el vínculo entre la historicidad de sus instituciones, el contexto de su aparición (un marco de colonización, segregación y esclavismo) y la manera en la que estas instituciones sirven hoy para mantener a una parte de la población en situación de opresión.

[4] No voy a definir en este libro esos términos, porque no creo que sea posible ponerse de acuerdo en general sobre una única acepción. Mi opinión es que estas definiciones no deberían fijarse y que habría que poder debatirlas sin cesar para reactualizarlas en función de los avances científicos, políticos e históricos. Fijarlas en un libro sería, por lo tanto, algo contrario a esta idea.

tancias individuales pocas veces se cuestionan, a menudo por falta de pares que puedan hacerlo. Los ambientes militantes se encuentran bajo la influencia del sistema penal y carcelario (como lo está el resto de la sociedad), y las herramientas que se emplean para impartir justicia están profundamente teñidas de una filosofía punitivista: la amenaza, la presión, la exclusión, el acoso, la denuncia pública, la manipulación de los hechos y de los discursos o el descrédito político.

La justicia punitivista descansa en una creencia según la cual es justo y necesario sancionar a las personas que cometen una infracción. Esta sanción puede aplicarse dentro de un marco penal y judicial, pero también puede hacerse fuera de cualquier institución jurídica. Por ejemplo, una campaña de acoso puede constituir una medida punitiva en contra de una persona, así como también el boicot a un espacio o incluso la denuncia de unos determinados actos. Estas prácticas, generalizadas en el mundo militante en sentido amplio, apenas se cuestionan, y la imposición de un sufrimiento –físico, moral, psicológico– con posterioridad a un perjuicio cometido es moneda corriente. En una conferencia de 1976, Foucault explica que si las posturas anticarcelarias son cada vez más populares no es porque la cárcel haya fracasado[5]. Al contrario, sus funciones de control y castigo han conseguido burlar sus muros; se han infiltrado en la sociedad, la familia, el trabajo. Los grupos a los que pertenecen las personas que han cometido las infracciones o los delitos ven cómo se les delegan las funciones estatales del control. Por ejemplo, el empleo de la pulsera electrónica se extiende en la década de los años 2000 y transforma el espacio privado del hogar en un lugar de restricción en el que purgar las culpas. Encontramos de nuevo el mismo mecanismo de «encierro en el exterior» cuando una persona se ve excluida de todos los lugares de su comunidad por iniciativa de sus pares. Si no tomamos una distancia crítica sobre nuestras prácticas en el tema de la justicia, el riesgo

---

[5] M. Foucault, *Alternatives à la prison*, París, Divergences, 2021.

de reproducir los mecanismos del sistema penal dentro de nuestros espacios es enorme.

¿Cómo ha sido posible que la militancia por la justicia social y por el abolicionismo penal no haya conseguido hacerlo mejor, sino que a veces lo haya hecho incluso peor que la policía cuando se trata de lidiar con la violencia en el interior de sus espacios de lucha? ¿Y qué podemos proponer para salir de este atolladero?

Aunque yo haya terminado por abrazar las teorías y prácticas vinculadas con la justicia transformadora[6] y/o abolicionista, no empecé por ahí en absoluto. Fue al constatar que las comunidades a las que pertenecía no sabían reaccionar ante los conflictos y los actos de violencia internos cuando intenté reunir las herramientas existentes sobre el tema, con el objetivo de ayudar a las personas que me rodeaban. En 2019, reuní a un grupo de personas a las que sabía que les interesaba el tema de las violencias intracomunitarias. Creamos un cuestionario para saber más sobre el alcance de las prácticas punitivas en el interior de nuestros espacios, y después nos estructuramos dentro de un colectivo: Fracas. Cada una de nosotras había tenido una experiencia personal de los conflictos y violencias intracomunitarias en los ambientes *queer*, bolleros, trans y feministas. En este marco fue en el que yo emprendí un trabajo de investigación y formación, y en el que pudimos aplicar las prácticas que nos parecían pertinentes al hilo de los acompañamientos que nuestro colectivo efectuaba. Nos inspiramos en los protocolos de cuidado y de acompañamiento existentes para adaptarlos al ámbito de los conflictos en el seno de los espacios militantes. Eso nos ha permitido establecer una estructura horizontal en la que cada una de nosotras puede

---

[6] La justicia transformadora (o transformativa) entiende el hecho delictivo como una oportunidad de transformación para el individuo y la sociedad, que saca a la luz las disfunciones estructurales e interpersonales y permite trabajarlas para que sea posible un cambio y una justicia social a largo plazo.

asumir hacer sus seguimientos, a la vez que rendimos cuentas regularmente al colectivo con el fin de evitar cualquier exceso o abuso de poder. Los seguimientos que proponemos se adaptan en cada ocasión a la situación de la que se nos informa, pero se desarrollan siempre siguiendo un guion parecido. Cuando nos escribe una persona o un colectivo, fijamos una primera cita telefónica. En el curso de esa llamada, repasamos las razones que han conducido a nuestras interlocutoras a contactarnos y analizamos juntas su situación, sus necesidades y sus deseos. Ese tiempo sirve también para evaluar si nuestro colectivo tiene la capacidad de intervenir, si las personas podrían responder ellas mismas a sus problemas o si debemos redirigirlas a un recurso de ayuda externo. Después hay numerosas herramientas que pueden activarse. Para los conflictos interindividuales, podemos proponer mediaciones, ayudar a la creación de grupos de apoyo o incluso hacer acompañamientos en un trabajo de escritura. Para los conflictos en el interior de un grupo, podemos proponer formaciones, organizar momentos de intercambio en torno a las tensiones, acudir a analizar las dinámicas colectivas, etc. En el inicio de cada seguimiento, acordamos con nuestrxs interlocutorxs los objetivos precisos, la duración del acompañamiento y, en último lugar, nuestra remuneración. En paralelo, otras herramientas, como la intervisión[7], el intercambio de saberes y experiencias con organizaciones externas y el intercambio interno, nos permiten analizar el desarrollo y el balance de cada seguimiento. Para trabajar sobre los conflictos se necesita por encima de todo establecer unos límites colectivos y personales muy claros. Nuestras intervenciones se hacen sobre personas vulnerables; no tenemos formación en psicología y no podemos adoptar una postura de cuidadorxs frente a las personas que nos contactan. Aunque algunos miembros tienen formación en derecho, no estamos tampoco en condiciones de proponer

---

[7] *Intervisión:* dispositivo particular de encuentros entre pares profesionales con el fin de intercambiar experiencias.

consejos jurídicos. Acompañamos a las personas que nos contactan en un plano de igualdad, dándoles todo el respeto y el tiempo necesarios, después de haber evaluado juntas sus necesidades y nuestras capacidades. Estas personas son autoras de actos violentos, protagonistas de un conflicto o personas de su entorno. A día de hoy, hemos hecho seguimiento a más de un centenar de personas y colectivos. Las situaciones con las que nos hemos encontrado son conflictos interpersonales, procesos de acoso colectivo, denuncias de abuso o de agresiones. Aunque en un primer momento nos centrábamos en la esfera militante, especialmente en la feminista y *queer*, en la actualidad también abordamos espacios mucho más amplios. Trabajamos con escuelas, con centros culturales, medios de comunicación, asociaciones políticas…

Proponer una crítica de los mecanismos punitivos y perniciosos que entran en juego en los entornos militantes es poner encima de la mesa nuestras disfunciones colectivas y darnos la oportunidad de hacerlo mejor, de reconstruir unos cimientos nuevos. Yo aprecio por encima de todas las cosas esos espacios, las luchas feministas y las comunidades *queer* a las que pertenezco. En cuanto bollera, mis comunidades me han salvado la vida en más de una ocasión. En estos entornos he conocido las iniciativas más bellas de justicia social y de sublevaciones colectivas. Son laboratorios especialmente ricos en materia de invención de nuevos espacios comunes. Las relaciones que se crean y los proyectos que se construyen son verdaderos modelos de resistencia al capitalismo. Y justamente porque somos capaces de lo mejor, hay que cuestionar lo que hacemos peor.

Me he hecho muchas preguntas antes de lanzarme a escribir este libro. Me enfrento a un gran obstáculo: la posibilidad de que se lo reapropien personas o grupos sociales que busquen justificar comportamientos violentos u opresivos. En un momento en el que las fuerzas reaccionarias parecen cada vez más poderosas y que llegan al punto de utilizar nuestros disensos en nuestra contra, producir una crítica pública de nuestras contradicciones internas puede parecer una especie de traición. Abrir la cuestión de estas debilidades ayuda, sin embargo, a no dejar que nos dicten nuestras luchas y nuestras agendas políticas. Nuestros entornos reproducen los mecanismos punitivos que nos han marcado, que nos han traumatizado y que nos han debilitado de manera duradera. Hemos interiorizado un sistema de pensamiento que justifica los sufrimientos que nos infligimos. Por todo esto, he tenido que reconciliarme con la idea de una recuperación política, porque lo más importante de todo es que visibilicemos nuestras disfunciones internas para así poder enfrentarnos a ellas y superarlas[8].

---

[8] Este texto es un ensayo político resultado de mi experiencia, de mis creencias y de mis elecciones en materia de corpus y textos. Refleja el estado de mis investigaciones en un momento dado, por lo que todo lo que se dice en él es completamente discutible y cuestionable. Creo, por otra parte, que es muy probable que dentro de unos años yo misma no esté ya de acuerdo con lo que escribo aquí. Soy una mujer cisgénero bollera/*queer*, blanca, sin diversidad funcional, de clase media. He experimentado de cerca, así como en calidad de militante y miembro de asociaciones, hechos violentos y conflictos de todo tipo, pero no tengo ninguna formación en derecho ni en psicología. Desde ese lugar hablo y eso implica que tengo numerosos ángulos muertos. Las cuestiones relacionadas con el conflicto y la violencia son complejas y no puedo sino invitar a las personas que así lo deseen a que profundicen en las referencias mencionadas para que puedan hacerse su propia idea sobre los temas que aquí abordamos.

CAPÍTULO II

Agotamiento militante y moralismo reprobador

La militancia progresista[1] contemporánea parece experimentar una dispersión de la que todxs somos conscientes. Los abismos entre las diferentes corrientes se van abriendo al mismo ritmo que se debilitan nuestras capacidades de militar y de hacer un frente común. Los espacios de lucha anticapitalistas, *a fortiori*, los entornos *queer* y feministas, son objeto de una segmentación en la que cada unx defiende su trocito de terreno. Esta fragmentación puede explicarse en parte por una incapacidad general de afrontar el conflicto, las divergencias de opinión, las rupturas y la novedad. En este sentido, lo que ocurre dentro de las luchas feministas o LGTBQIA+ es sintomático de esta tendencia. Movilizar al conjunto de estas comunidades sobre determinados temas es cada vez más difícil; las causas divergen y los rencores se enquistan: ¿dónde están los maricas cuando las lesbianas luchan por la reproducción asistida? ¿Dónde están las lesbianas cuando las mujeres heterosexuales luchan por el aborto? ¿Dónde están las personas cis[2] cuando se exige el cambio en el registro civil con sólo pedirlo? ¿Dónde están las blancas cuando se trata el abolicionismo penal y la violencia policial?

---

[1] *Militancia progresista:* corriente de pensamiento que entiende que debe llevarse a cabo una transformación profunda de las estructuras sociales y políticas para alcanzar una mayor justicia social y una mejora de las condiciones vitales. A menudo sinónimo de los entornos llamados «de izquierdas» (entre ellos, feministas, ecologistas, *queer*, antiespecistas, antirracistas, anticapacitistas).

[2] *Cisgénero:* persona cuya identidad de género (masculina o femenina) se corresponde con el sexo con el que ha nacido.

Encontramos estas escisiones en numerosos terrenos. De ellas da fe la polémica que se desarrolló en el muro de Facebook del Orgullo Montpellier (2022), cuando este publicó un cartel que daba protagonismo a cinco personas trans (mujeres, hombres, no binarias; lesbianas, gais, pan, bi). La red estalló porque ahí no aparecían «mujeres lesbianas» (léase, «cisgénero»). La publicación tuvo centenares de comentarios y varias asociaciones se desvincularon del Orgullo. Se actúa como si todo el mundo debiera estar siempre y en todo momento representado con una igualdad exacta; como si lo que se les concediera a unxs procediera de lo que se les quita a otrxs. Y, sobre todo, como si nuestros intereses ya no fueran comunes, sino opuestos.

Crear puentes y vincular solidaridades fuera de nuestras zonas de conocimiento y de confort es complicado, así como lo es luchar por temas que no nos afectan directamente, tal como señala John d'Emilio: «Los movimientos gay, lésbico y trans de la década de 1970, que habían surgido con el impulso de los años de liberación posteriores a 1968 para luchar contra un "sistema" global, han sido sustituidos por otros grupos que siguen siendo militantes, pero que son organizaciones que se basan en una única cuestión y una única identidad»[3]. Paradójicamente, nunca antes las formas de militar han sido tan variadas y nunca han sido tantas las personas movilizadas; sin embargo, muchas de nosotras nos sentimos más aisladas que nunca frente a esta ampliación de las posibilidades. Es urgente aprender a establecer vínculos a pesar de nuestras divergencias si es que queremos poder enfrentarnos al neoliberalismo, al auge de la extrema derecha o incluso al cambio climático[4].

---

[3] J. d'Emilio, *Sexual Politics, Sexual Communities: The Making of a Homosexual Minority in the United States, 1940-1970*, Chicago, University of Chicago Press, 1998.

[4] K. Cheng, «Pourquoi les communautés queer se déchirent-elles?», *Trrransgrrrls*, 2021, disponible en [trrransgrrrls.wordpress.com].

Es como si hubiera un juego de vasos comunicantes entre la impunidad de los grupos dominantes y el rigor extremo en determinados espacios militantes. Ese nivel de exigencia tiene unas consecuencias directas sobre la manera en la que percibimos el conflicto y la violencia en las demás y entre nosotras; así como esto último lo tiene sobre nuestra manera de impartir justicia en nuestros espacios. Observamos de manera cotidiana cómo hay quien actúa de manera violenta, corrupta o tóxica sin que se le responsabilice nunca (como Darmanin[5] y sus socios o incluso como las empresas responsables de desastres ecológicos o socioeconómicos, etc.). En los entornos progresistas esta constatación alimenta los sentimientos de injusticia y de impotencia. Para contrarrestarlos, buscamos recuperar la potencia en los espacios que nos parecen más inteligibles, en nuestras comunidades de pertenencia elegidas. Actuar en nuestro ámbito nos ofrece el placer de observar las consecuencias inmediatas y concretas de nuestras acciones. Los entornos en los que luchamos constituyen un espacio privilegiado en este sentido: cohabitamos con personas a las que conocemos y que *a priori* comparten nuestros valores. Es mucho más sencillo llamar al orden a unx camarada que a alguien externo, como nuestra familia o nuestrxs compañerxs de trabajo. Puesto que el ejercicio cotidiano de pedagogía y de justificación es ya especialmente agotador, podemos congratularnos de no tener que dar explicaciones inútiles sobre por qué este comportamiento o estas palabras nos hacen daño; podemos directamente pasar a la formulación de un reproche que nos tranquilice. Se produce, por lo tanto, una relación tensa entre nuestra impotencia general y nuestra potencia comunitaria, que engendra una exigencia cada vez mayor en los entornos militantes. Como este rigor se ha reforzado mediante la aparición de las redes sociales y de la *performance* militante *online*, puede acabar transformán-

---

[5] Ministro del Interior en el Gobierno de Macron (2020), acusado de violación y abuso de poder.

15

dose en una cierta rigidez, cuando no directamente en crueldad. Los espacios *queer* (y *a fortiori* los espacios de izquierdas) son preciosos laboratorios sociales y políticos. La forma en la que teorizamos el mundo que nos rodea, la manera en la que pensamos y desarrollamos nuestras relaciones y redes de apoyo mutuo, demuestra una inventiva sin límites y vanguardista. Si pudiéramos deshacernos de ese rigor excesivo que a veces se inclina hacia el puritanismo político, nos libraríamos de un peso que nos ralentiza y nos divide.

MORALISMO PROGRESISTA

A falta de un proyecto militante federalista que pueda conducirnos a un futuro deseable, las fuerzas progresistas acaban cayendo en un moralismo censor y justiciero. Se podría hablar de una militancia sin una esperanza de cambio real. Es lo que Wendy Brown ha denominado el «moralismo progresista»[6]. Ese moralismo se encarna en las prohibiciones individuales, lo que supone la condena de determinadas palabras, argumentos o acciones, incluso cuando su empleo se limita a un registro muy estrecho. Aunque sea justo prohibir algunos comportamientos o términos opresivos que aparecen habitualmente en los medios de comunicación o dentro de nuestras familias, estas prohibiciones se aplican aún con más dureza en el seno mismo de estos márgenes progresistas. Así, nos encontramos criticando severamente a la militancia de nuestras propias organizaciones por cada error léxico o cada paso en falso que no sea políticamente correcto. Por ejemplo, he observado cómo se le ha exigido a una asociación que distribuía comidas gratuitas que se disculpara por haber preparado platos con carne. En mi trabajo y en mi vida como militante es raro que trans-

---

[6] W. Brown, *Politics Out of History*, Princeton, Princeton University Press, 2001 [ed. cast.: *La política fuera de la historia*, Giuseppe Maio (trad.), Madrid, Enclave de Libros, 2014].

curra una semana sin que se genere un conflicto en torno a una publicación o a una intervención oral «problemática», lo que provoca peticiones interminables de que se ofrezcan explicaciones públicas. Este moralismo progresista se encarna hoy en una multitud de nociones-mandatos que regulan el orden social y que sancionan los disensos: la noción del espacio *safe*[7], la de la bienvenida, la del *trigger warning*[8] o incluso la de la «radicalidad». Expresar esta crítica en la sociedad occidental contemporánea, en un momento en el que las fuerzas reaccionarias no dejan de hablar del *wokismo*, es algo especialmente delicado. En su origen, este término, creado en los entornos antirracistas estadounidenses, designaba el hecho de abrir los ojos ante las estructuras de opresión en las que nos encontramos. En Francia aparece en 2015 y pronto se reapropiaron de él las fuerzas reaccionarias, que lo emplean para señalar y desacreditar las corrientes de pensamiento progresistas y las causas que se vuelcan en la defensa de la justicia social (feminismo, antirracismo, antiespecismo, etc.). Aunque estas críticas y el desarrollo de este concepto se anclan en la ignorancia, el miedo y la cobardía, esto no debe impedir que, por nuestra parte, abramos los ojos ante algunas de nuestras prácticas.

Otra característica del discurso moralista es centrarse en determinadas personas, tomadas de una en una, que encarnarían el orden establecido y todo lo que se quiere combatir en este, como el racismo, el sexismo, la homofobia, etc., y reducir sencillamente el mal a estos casos individuales. La consecuencia de esto es una individualización de las relaciones de dominación, que por definición son, en cambio, el fruto de diná-

---

[7] *Espacio safe:* lugar o entorno en el que una persona o un grupo puede tener la certeza de que no se le expondrá a la discriminación (basado en E. Ahenkorah, «Safe and Brave Spaces Don't Work (and What You Can Do Instead)», traducción de la autora, 2020, disponible en [medium.com].

[8] *Trigger warning:* advertencia de que un contenido determinado (artículo, vídeo, película, libro, canción) incluye elementos que pueden desencadenar un trauma psicológico en algunas personas.

micas sociales. Este fenómeno de personificación de nuestrxs enemigxs políticxs se efectúa de manera coherente con las formas de una sociedad occidental neoliberal que pretende sustentarse sobre un conjunto de individuos y no de grupos o de clases sociales. Participa así en la invisibilización de los mecanismos estructurales responsables de las relaciones de opresión. Sin duda, las relaciones sociales influyen sobre las relaciones de poder que se ponen de manifiesto en las interacciones entre personas. Pero los individuos por sí mismos no podrían ser los únicos responsables, puesto que las relaciones de dominación se asientan en niveles diferentes: el individual, pero también el institucional, el estructural y el histórico. Aunque cada unx tengamos una responsabilidad y un papel que desempeñar para lograr la abolición del sistema de clases y de privilegios, nuestro margen de maniobra es limitado. Es posible que nos repleguemos en el plano individual porque el sistema nos parezca inquebrantable. Derribar a una persona es un gesto mucho más sencillo que derribar el sistema que genera sus conductas. Nos eternizamos dándole vueltas a lo que alguien haya dicho o hecho en las redes sociales, en lugar de poner el foco en las instancias de poder político y económico. Actuamos como si las injusticias sociales se derivaran únicamente de la debilidad moral de algunas personas, en lugar de reconocer que son también el resultado de un proceso histórico de construcción cultural, política y socioeconómica del poder. Dicho de otra manera, nos ensañamos con los efectos de las relaciones de opresión más que con las razones por las cuales existen sistemas como el capitalismo o incluso el imperialismo.

Las estructuras de poder y las relaciones de opresión (sexismo, racismo, clasismo, capacitismo, etc.) se presentan como si operaran únicamente en el nivel individual, a través de posiciones binarias y exclusivas: dominante/dominadx, opresorx/oprimidx, oprimidx/privilegiadx. En este enfoque, cada par se piensa de manera coherente e inseparable, cada término se define únicamente por su relación con el otro: el privilegio se entiende como lo contrario de la opresión; dominadorxs son quienes dominan a lxs dominadxs, etc. Pensar la realidad mediante dos categorías, por un lado lo bueno (lxs dominadxs, víctimas) y por otro lo malvado (lxs dominadorxs, perpetradorxs), empobrece la complejidad de las relaciones sociales. La primera consecuencia que trae el empleo de estos conceptos vagos y dicotómicos es la confusión teórica en la que nos hunde. Los términos «opresión», «dominación» o incluso «privilegio» deberían emplearse con su significado estricto para que adquieran potencia analítica. Las reivindicaciones en materia de justicia social se concentran sobre el reconocimiento de la identidad y de la diferencia. De esto dan fe, por ejemplo, aquellas que atañen a la posibilidad de inscribir un género neutro en los documentos de identidad. Observamos entonces un «desplazamiento desde la redistribución hacia el reconocimiento»[9], lo que hace también evolucionar el feminismo de la segunda ola hacia una variante de las «políticas de identidad»[10]. Por muy progresista que sea, este viraje tiende a privilegiar la dedicación a la «crítica cultural en detrimento de la crítica de la economía política»[11]. Hay sin duda un aspecto individual en juego en las relaciones de dominación; pero, por otro lado, no es el único. Centrar nuestras luchas únicamente sobre la toma de conciencia de nuestros privilegios o, por el

---

[9] N. Fraser, *Le Féminisme en mouvement. Des années 1960 à l'ère néolibérale*, París, La Découverte, 2012 [ed. org.: *Fortunes of Feminism*, Verso, 2013; ed. cast.: *Fortunas del feminismo*, Cristina Piña Aldao (trad.), Madrid, Traficantes de Sueños, 2015].

[10] Término acuñado por The Combahee River Collective, «The Combahee River Collective Statement», abril de 1977 [circuitous. org/scraps/combahee.html]. Sobre este tema, véanse: W. Brown, *States of Injury: Power and Freedom in Late Modernity*, Princeton, Princeton University Press, 1995 [ed. cast.: *Estados del agravio: poder y libertad en la modernidad tardía*, Madrid, Lengua de Trapo, 2019]; S. Kruks, «Identity Politics and Dialectical Reason: Beyond an Epistemology of Provenance», *Hypatia*, 10, 2, 1995, pp. 1-22; R. Wolfe, «"Identity" – The Bane of the Contemporary Left», *The Charnel-House*, 2013, disponible en [thecharnelhouse.org]; y S. Mohandesi, «Identity Crisis», *Viewpoint Magazine*, 2016, disponible en [viewpointmag.com].

[11] N. Fraser, *op. cit.*

contrario, sobre las repercusiones negativas de estos en nuestra vida no podría proponer un horizonte político satisfactorio. Peor aún, nos encierra a nosotrxs mismxs, a lxs «dominadxs», en un sistema de pensamiento en el que la figura de la víctima sustituye a la de lxs combatientes, lxs disidentes o incluso lxs revolucionarixs. Los avances no se entienden como «tomados o ganados, sino reclamados y pactados»[12], lo que favorece una tendencia a replegarse tras una «epistemopolítica de la vulnerabilidad»[13] para hacerse un lugar dentro de una sociedad maltratadora. En este sentido, se desarrolla así una política de las expectativas y volcada hacia las instituciones en detrimento de una politización del conflicto. Esto borra de entrada la violencia de la que somos capaces y que podemos infligir a otrxs; pero, sobre todo, acentúa una postura pasiva y fatalista. Nos decimos que, a fuerza de «hacerles ver» (nuestras condiciones de vida, los sufrimientos que perpetran, etc.), habrá un momento en el que «ellxs» (el Estado, las multinacionales, las personas que poseen el poder y el dinero, etc.) abrirán los ojos y se darán cuenta de que lo que nos hacen pasar es inhumano. Así hemos acabado por creer que, una vez superado un determinado estadio, esta situación parará (las desigualdades, el capitalismo, el sistema opresor, etc.). Esta concepción alimenta una representación que no nos conduce a la acción, sino que nos anima a soportar siempre un poquito más… esperando a que «ellxs» decidan parar.

Una de las cuestiones no resueltas del moralismo progresista tiene su origen en el hecho de que la militancia abandona poco a poco las calles y las esferas de decisión (políticas o económicas), para centrarse cada vez más en el terreno del lenguaje y de lo simbólico. Se tratan entonces «las revolucio-

---

[12] Chi-Chi Shi, «La souffrance individuelle (et collective) est-elle un critère politique?», *Période*, 2019, Sophie Coudray y Selim Nadi (trad.), original en *Historical Materialism*, 26, 2, 2018.
[13] CASQ, «Quelques considérations sur la Pride radicale», *Trou Noir*, n.º 17, septiembre de 2021.

nes en el orden de las palabras como si fueran revoluciones radicales en el orden de las cosas»[14]. Por ejemplo, se ha hecho habitual ver publicaciones que comienzan por una lista de *trigger warning*. Aunque esta práctica parece motivada por buenas intenciones (resguardarse o resguardar a otras personas de un posible recuerdo traumático ligado a un contenido sensible), se funda sin embargo sobre supuestos que, en mi opinión, se ligan a derivas teóricas. Los *trigger warning* se basan en una individualización de los traumas (cada cual tiene los suyos) y en una lectura de corte psicológico en lugar de una estructural y política. Palabras como «violación» o «incesto» tienden a desaparecer o atenuarse para evitar cualquier retraumatización individual. Pero como ya no se utilizan como herramientas de descripción y elaboración con las que pensar una realidad material, pierden su eficacia para proteger y nombrar una situación que, sin embargo, es persistente. Los *trigger warning* para muchas personas apelan a la creencia de que podemos desactivar las reminiscencias traumáticas gracias a una especie de encantamientos. Si esta lista no es exhaustiva, la persona responsable de la publicación podría ser objeto de críticas, incluso de reproches. Esta vigilancia continua del lenguaje (el nuestro y el de lxs demás) permite reafirmar nuestro compromiso, como una manera de distinguirnos individualmente y de demostrar nuestro valor, presentándonos como detentorxs del buen pensamiento. Este fenómeno se refuerza de forma *online:* las redes sociales favorecen el «endiosamiento» de personas y perfiles, cuyos gestos e ideas se intentan seguir. Esta militancia de la influencia[15], ya sea antiespecista, *queer* o de otro tipo, se alimenta de lógicas neoliberales en las que el individuo se convierte en el alfa y el omega de las lu-

---

[14] P. Bourdieu, *Méditations pascaliennes*, París, Le Seuil, 1997, p. 11 [ed. cast.: *Meditaciones pascalianas*, Thomas Kauf (trad.), Barcelona, Anagrama, 2006].
[15] CASQ, «Queer influence: le management de l'innocence», *Trou Noir*, n.º 25, junio de 2022.

chas: es la persona que dicta y la persona que se educa, se conciencia, se deconstruye y se responsabiliza, es la fuente y el fin de todas las cosas. La política se resume entonces en una «práctica del desarrollo personal»[16].

HARTXS DE HACER PEDAGOGÍA

Es interesante señalar la paradoja que supone que en los entornos militantes (feministas) se defienda la idea de «deconstrucción» y el poco lugar que efectivamente se deja en ellos a las tentativas y las dudas. El término «deconstrucción» se supone que se refiere al cuestionamiento individual de las normas sociales integradas a lo largo de nuestra educación. Llegar a un grado avanzado de deconstrucción sería el santo grial de lxs «buenxs militantes», que habrían conseguido deshacerse de todo mecanismo racista, sexista, capacitista, clasista, especista y edadista (sin hablar de los mecanismos fóbicos). La resistencia a la opresión se reduce en cierto modo a la transformación de unx mismx y a la reflexividad. Paralelamente, se acoge la idea de que, puesto que hemos nacido en una sociedad capitalista, somos y seremos siempre racistas, sexistas, capacitistas, clasistas, especistas y edadistas. Como consecuencia, no parece haber escapatoria: hay que tender hacia lo mejor, aceptando a la vez que no podremos deshacernos por completo de las relaciones de dominación en las que estamos insertxs. Se produce ahí una paradoja entre una tentativa de pensar un determinismo social, producto de una lectura materialista, y un enfoque neoliberal, en el que el individuo es todopoderoso y, por lo tanto, podría reformarse con el único impulso de su voluntad. Este fenómeno se acompaña a menudo de un rechazo de la pedagogía.

Este rechazo es comprensible en numerosos aspectos. Las llamadas a la pedagogía entre las minorías de género, de raza, de sexualidad, etc., son continuas y acosadoras. Son especialmente dolorosas para las personas que deben soportar el «se-

---

[16] *Ibid.*

xismo normativo» (o racismo, capacitismo, etc.) en todas las esferas de sus vidas. Pero ¿cómo pedir a las personas que se «deconstruyan» sin decirles nunca cómo deben hacerlo? ¿Diciéndoles que sean autónomas y que «se informen»? Evidentemente, hay algunas personas que no tienen ganas de hacer ese trabajo por sí mismas, y que esperan que «sus amigxs *queer*, negrxs, discas» se encarguen de ello en su lugar. Pero, por otro lado, tendríamos que poder reflexionar sobre de qué manera podríamos hacernos cargo de las personas de buena voluntad que simplemente no saben por dónde iniciar su trayectoria militante, y especialmente de las personas afectadas por esas luchas. Aún tenemos que encontrar las soluciones, pero subrayar la paradoja de una situación así es indispensable para avanzar de manera colectiva. Ser más flexibles ante los errores, ante los cuestionamientos y ante los aprendizajes nos permitiría también superar las posturas que calcan de manera mimética lxs «*queer*/feministas/veganxs/anarquistas perfectas» (es decir, esas personas que pasan cinco de cada siete días en asambleas generales y todo su tiempo en Twitter).

Sin preguntarse por lo que pensamos de manera individual y sin confrontarlo con la postura de otrxs dentro del marco de encuentros y debates, no podemos mantener más que una postura superficial, que se vuelve peligrosa por su ausencia de cuestionamiento de los consensos dogmáticos. La llamada a la deconstrucción individual junto con el rechazo a hacer pedagogía crean las condiciones de una lucha en la que, finalmente, estaremos unxs al lado de otrxs, pero profundamente solxs; una lucha conformada por un mundo neoliberal y ajustada para no perturbarlo demasiado.

Responder a la violencia con violencia

Cuando observamos cómo camaradas de lucha, sus amigxs o incluso desconocidxs se atacan mutuamente en público, ya sea de manera virtual o presencial, acabamos por pensar que estamos todxs en el banquillo de lxs acusadxs. Esto nos enseña que, incluso si dedicamos buena parte de nuestro tiempo y de nuestras energías a una causa, podríamos vernos expulsadxs de ella de la noche a la mañana. Esta situación crea un clima asfixiante, que para algunas personas se suma a un entorno familiar o profesional inestable y precario. A partir de aquí, todo el mundo acaba por vigilar a su vecinx (tanto como a sí mismx) con una cierta desconfianza.

Estos mecanismos intracomunitarios, más allá de la desconfianza, crean también un contexto en el que no sabemos ya responder a la violencia si no es mediante la violencia. Un error de léxico se sanciona con insultos y las violencias se castigan a través del acoso. Nos anclamos en la ira, el miedo o la tristeza, en lugar de en la voluntad de desescalar[17] el conflicto o de ayudar a las partes. Ahí se desarrolla sin cesar un verdadero temor: el de que no todo vaya bien. De repente ya no pasa nada y todo se neutraliza. Cada desacuerdo o conflicto se ahoga bajo una espesa capa de control y de recelo, sin que se explicite ni que se discuta. Las ideas nuevas y las palabras discordantes, que son esenciales para el concepto mismo de movimiento político, se sepultan. Numerosas iniciativas se extinguen antes de ver la luz por nuestro miedo a hacerlo mal o a que nos ataquen: ese festival finalmente no ha tenido lugar porque la comunicación anticipada ha planteado problemas; ese proyecto de apoyo mutuo no se ha implantado porque ha sido imposible superar un desacuerdo político interno.

Este tipo de reacciones traumáticas pueden conducir a una parálisis de grupo. Silenciar los disensos crea una ilusión de indulgencia, de cuidados y de seguridad que, sin embargo, no se corresponde con la realidad. Todo grupo tiene conflictos. La violencia es algo inherente a nuestras relaciones. Si tenemos la convicción de estar en un espacio *safe*, podemos sentirnos aún más heridxs cuando caigamos en la cuenta de que no es así. En lugar de fingir lo contrario, debemos aprender a

---

[17] *Desescalada:* vuelta a la tranquilidad después de una escalada de emoción o de tensión en el marco de una confrontación.

enfrentarlo, a nombrar nuestros desacuerdos. Hace falta poder hablar de las incomprensiones y de nuestras ideas más problemáticas para poder analizarlas y hacerlas fecundas. Yo misma he terminado por romper con todos los colectivos en los que he estado, porque a fuerza de ser testigo de las cosas que un grupo puede hacer a sus miembros, he acabado por sentir terror ante ellas. He terminado por olvidar lo que también puede producir el colectivo: las cosas mejores y más bellas. Aún hoy, cuando vuelvo a un grupo, tengo tendencia a querer controlar las conversaciones para evitar cualquier conflicto o herida. Sé, sin embargo, que así interrumpo debates que podrían ser duros, sin duda, pero que también serán enriquecedores a largo plazo. Evitar este tipo de comportamientos podría permitir que abordáramos los traumas relacionados con el colectivo, puesto que el grupo podría ser un buen apoyo para superarlos. Estos funcionamientos individuales moldean nuestras maneras de actuar en cuanto grupo, de la misma manera que el funcionamiento del grupo influye en los individuos[18].

Este contexto de desconfianza, de agotamiento militante y de sufrimiento individual y colectivo es especialmente proclive a la proliferación de las prácticas punitivas. Más que simples actos individuales, se trata de un verdadero sistema punitivo que se desarrolla dentro de los entornos militantes.

---

[18] Esto es, por otra parte, lo que estudia la psicosociología.

CAPÍTULO III
Una competencia punitiva

En los espacios en los que se considera que el recurso a la policía en casos de violencia no es la solución, sino más bien un problema añadido, el riesgo principal consiste en no contar con ninguna intermediación externa para denunciar las injusticias que allí se puedan producir. Esto es aún más peligroso cuando de lo que se trata es del abuso que ejerce el grupo sobre un individuo, por ejemplo, en el caso de un acoso colectivo. Los espacios feministas, *queer*, autónomos o, en general, abolicionistas constituyen en este sentido un cóctel molotov. Cuando se mezcla el rechazo a la policía con un lugar cerrado, constituido por personas que buscan reequilibrar las injusticias sociales incluso en el seno mismo de su grupo, se produce un contexto favorable para el desarrollo de muchos excesos, y esto en una relativa impunidad.

Cuando la sociedad nos parece demasiado violenta, podemos tener una tendencia a replegarnos sobre comunidades o personas que *a priori* se supone que nos harán bien y que serán una fuente de empoderamiento[1] individual. El espacio militante constituye a veces el único lugar donde nos sentimos como en casa, el único que puede desarrollar un sentimiento de pertenencia y la sensación de un poder individual y colectivo. Aunque estos sentimientos son bienvenidos, pueden también volverse peligrosos en el marco de una resolución de conflictos. He observado a numerosos grupos desbordados por su propia potencia y por su capacidad de hacer

---

[1] *Empoderamiento:* proceso de adquisición de más poder por parte de personas o grupos inferiorizados.

daño. Cuando el grupo elabora justificaciones morales o políticas comunes para apoyar su trayectoria, esa convicción colectiva de tener la razón y de ejercer una autoridad justa se refuerza, lo que favorece los peores abusos sin que nadie pueda decir o hacer nada.

Como señala el psicosociólogo Didier Anzieu sobre las dinámicas colectivas, existe un fenómeno de reacción en cadena entre la frustración que determinados grupos pueden sentir y la violencia que desatan contra algunxs de sus miembros. La frustración de los grupos militantes se desarrolla ante los numerosos obstáculos políticos, económicos y ambientales con los que se encuentran; dicha frustración genera ira, y una de las formas que adopta esta es la de «centrar la agresividad sobre una persona o un subgrupo, que la recibe y asume sin reaccionar agresivamente en contra»[2]. Hoy en día nos enfrentamos, en determinados entornos militantes, a lo que podríamos considerar como la designación de chivos expiatorios con fines catárticos colectivos. Didier Anzieu concluye: «Yo mismo he descrito, bajo el nombre de "ilusión grupal", el estado de un grupo que se siente tan perfectamente satisfecho de sí mismo que llega al punto de negar, incluso contra los hechos mismos, su propia agresividad»[3]. Es especialmente difícil denunciar el aspecto sistémico de las violencias que se ponen en juego en los ambientes de los grupos inferiorizados y no recibir por ello una buena cantidad de protestas unánimes. Sin embargo, estas violencias existen, y reconocerlas probablemente permitiría superarlas. Ya hablemos de reproches o de críticas públicas, de exclusión o incluso de acoso, el arsenal punitivo que viene a reemplazar el arsenal jurídico es igualmente rico y variado. La constatación es dura. Lo que nos infligimos nos come la energía para nuestras luchas y afecta de manera permanente a las personas que se implican en ello.

[2] D. Anzieu y J.-Y. Martin, *La Dynamique des groupes restreints*, París, Puf, 1968, pp. 321-322.
[3] *Ibid.*

Es difícil imaginarse hasta dónde pueden llegar las violencias en el contexto militante si no hemos confrontado directamente con ellas, ya sea acompañando a una persona que ha sido víctima o habiendo sido directamente afectadx. He visto cómo se ejercían de manera semejante en espacios tan variados como los entornos ecologistas, anarquistas, feministas, *queer*, antirracistas, etc. Los relatos que voy a presentar atañen, por lo tanto, a la militancia de los ambientes progresistas.

Por razones de confidencialidad y anonimato, cada uno de estos relatos está compuesto de un conjunto de varias historias y los nombres han sido modificados; por otro lado, hemos respetado las dinámicas que se pusieron en juego y los hechos que se describen ocurrieron realmente. Estos ejemplos no se cuentan desde diferentes puntos de vista; son, por lo tanto, relatos parciales, reproduciendo así una situación semejante a la que se produce en la vida, cuando una persona viene a contarnos su vivencia o cuando nosotras mismas vivimos una situación de conflicto: nunca disponemos de todos los elementos. En este sentido, es importante obviar el juicio sobre quién tiene razón y quién está equivocado; incluso, si es posible, habría que intentar no producir una crítica sobre los mecanismos que están en juego. De lo que se trata aquí es de darse cuenta de la amplitud del daño para, después, poder pensar las alternativas.

EN UN ENTORNO FEMINISTA

El relato siguiente trata de agresión sexual y de violación.
M., militante feminista desde hace una docena de años, forma parte de una asociación que ayuda a las víctimas de violencias sexuales en los trámites de las denuncias judiciales. En 2020, M. es objeto de una denuncia pública en una lista de difusión. Un grupo de personas afirma en un correo electrónico que M. apoya a lxs violadorxs y exige que se la excluya de la lista, así como de un conjunto de lugares y asociaciones

de su ciudad. El correo es vago: no precisa nombres, ni fechas ni acciones concretas. No está firmado. Después de hacer su propia investigación, M. consigue encontrar a lxs autorxs del texto. Acaba por entender que este se refiere a una historia que ella había vivido con su amante T. y, más concretamente, a las violencias sexuales que este le había infligido a ella.

En efecto, en 2015, en una fiesta, T. viola a M. Sin embargo, en aquel momento y por diferentes razones que pertenecen a su privacidad, M. no logra articular la palabra «violación» para definir esa agresión. Varios meses más tarde, hablando con amigxs militantes, M. toma finalmente conciencia del hecho de que, en efecto, se trató de una violación. Sus camaradas se convierten en un apoyo durante su proceso de concienciación y sanación. M. empieza una terapia y decide finalmente confrontar a T., que, a pesar de todo, ha seguido siendo su amigo. No desea denunciarle porque cree que eso no será beneficioso para nadie. Después de una conversación con él en persona, en la que reconoce los hechos, ella decide seguir conservando su amistad y ayudarle a cuestionarse y a trabajar sobre sus comportamientos. Él está dispuesto; empieza un tratamiento y asiste a una terapia de grupo para victimarios. Entre tanto, el grupo militante de M., en especial algunas de las personas más próximas y que le apoyaron en su momento, le comunican que no comprenden su elección. En opinión de sus camaradas de lucha, la única manera de tratar a un violador es cortar definitivamente los puentes con él, condenarlo de manera categórica y pública. M., entienden, ha hecho demasiadas concesiones, y eso entra en contradicción con su compromiso común con las víctimas de violencias machistas y sexuales y, de manera más genérica, con su militancia feminista. Su postura ante T. les parece ambigua y toman sus distancias. M. termina por ser la única que ayuda a T., porque este se encuentra aislado. Además, ella decide reducir su activismo militante.

Unos meses más tarde, se recibe en la lista de difusión el correo electrónico en el que se la acusa de apoyar a violadorxs.

Un correo que desencadena una ola de ataques encarnizados: varios espacios y asociaciones le cierran sus puertas, se la retira de las listas de difusión y, a pesar de varias tentativas de contactar, sus correos y llamadas a sus antiguxs camaradas de lucha quedan sin respuesta. A su vez, las amistades que siguen fieles a M. sufren también formas de acoso que las obligan a alejarse de ella. Se encuentra, por lo tanto, cada vez más aislada. En este punto, ella ya no sabe exactamente qué es lo que se le reprocha ni lo que se le exige, ni cómo poner fin a la situación.

Acoso y ostracismo

Ni que decir tiene que el sentimiento de exclusión respecto de un movimiento al que se ha contribuido durante años es ya una enorme violencia. Se puede hablar incluso de «acoso», aunque se trate de un conjunto de hechos que, justamente, se corresponde más con una ausencia de acciones frente a la persona en cuestión: se rechaza hablarle, se le cierran las puertas de locales, se la aísla haciendo presión a sus personas cercanas, se la retira de los canales de información. El acoso se basa habitualmente en hechos concretos y constatables y consiste en una serie de actuaciones abusivas sobre una persona (violencias físicas, verbales, etc.). Se habla, por ejemplo, de *dog-pilling* (acumular presión grupal) para designar el hecho de comentar mediante insultos o ataques personales una publicación o un contenido que varias personas perciben como problemático[4], lo que da lugar a una acumulación de comentarios más o menos rencorosos. Encontramos este mecanismo en grupos de Facebook o en aplicaciones de comunicación interna de los colectivos militantes (Slack, Discord o Signal), donde el papel de la comunicación escrita es agobiante y favorece el acoso.

---

[4] Es también mandar mensajes privados a una persona –o a sus amistades, familia, empleadxs, círculos de militancia– para decirle lo que se piensa sobre sus acciones o sus palabras.

Pero podemos concebir el acoso de manera diferente: el ostracismo (que en inglés se nombra mediante el término *cancelling*[5]) constituye también una de sus formas. El acoso grupal puede consistir en negar la existencia de una persona, en retirarle su derecho a la palabra, dejándola de escuchar o socavando de manera sistemática la legitimidad de su discurso. Jo Freeman, militante lesbiana y feminista de la década de 1970, vivió este tipo de acoso y lo relata en estos términos: «Paso a paso, me condenaron al ostracismo: si se escribía un artículo colectivo, se ignoraban mis intentos de contribuir a su escritura; si yo escribía un artículo, nadie lo leía; cuando hablaba en una reunión, todo el mundo escuchaba amablemente y después retomaba la discusión como si yo no hubiera dicho nada; las fechas de las reuniones se modificaban sin que nadie me lo comunicara; cuando me tocaba coordinar un proyecto de trabajo, nadie me ayudaba»[6]. Este aspecto del acoso es violencia psicológica. En el marco del maltrato conyugal, conocemos bien la instauración de un clima de violencia de este tipo: el hecho de romper los objetos de la persona víctima o incluso el minimizar o exagerar constantemente sus sentimientos. Pero en el caso del acoso colectivo es menos conocido, aunque estamos empezando a tener en cuenta este problema en el ámbito escolar (por otro lado, sin tomar en consideración la violencia de la propia institución educativa). El acoso colectivo en un marco militante sigue siendo algo de lo que se habla poco.

Uno de los principales obstáculos que la víctima afronta cuando sufre acoso colectivo es el de lograr hablar de ello y que la tomen en serio. En efecto, ¿cómo expresar la amplitud del problema y las repercusiones que este tiene sobre la pro-

---

[5] *Cancelling* (o *cancelación/anulación*): la humillación, demonización u ostracismo de miembros conocidos de una comunidad por parte de un grupo de personas de esa misma comunidad, ya sea *online* o sobre el terreno.

[6] J. Freeman, «*Trashing:* le côté obscur de la sororité», traducción de la autora, *Infokiosques*, 2022 [1975], disponible en [infokiosques.net].

pia vida cuando lo que se describe es una ausencia de acciones y de interacciones? Una característica del acoso especialmente perniciosa es que a menudo únicamente la percibe la persona que es víctima de este. Todo está diseñado de manera que esta persona acabe encontrándose aislada y no pueda hablar de ello. No es raro que se la tache de «paranoica», hasta el punto de que los hechos son considerados nimios en comparación con las repercusiones que se alega que tienen. Esta situación acentúa más si cabe la sensación de soledad y de incomprensión. Además, el acoso funciona como un virus: afecta a una persona, pero puede contagiarse a todas las que desearían acudir en su ayuda y que, de repente, se alejan. Poco a poco, esta persona se encuentra totalmente aislada.

Este mecanismo se agrava cuando el acoso está supuestamente motivado por razones políticas. En el caso de M., su acoso era una consecuencia de un comportamiento hacia un violador que se había juzgado como conciliador. Todas las personas que le mostraran su apoyo serían, en ese sentido, sospechosas de compartir su visión. Apoyar a M. equivaldría a tomar partido contra el movimiento feminista, personalizado por el grupo que había iniciado el acoso. No hay lugar para los matices: no hay una diversidad de maneras de ser feminista, sino una manera buena de serlo y muchas maneras malas. Es como si el número de personas que se adhieren a una visión de las cosas convirtiera esta visión en algo verídico e incontestable. Entonces se vuelve casi imposible zafarse del movimiento o ayudar a la persona bajo sospecha sin encontrarse a su vez bajo la mira del grupo: se está con o en contra del movimiento y, *a fortiori*, se es feminista o antifeminista.

Esto se puede explicar, una vez más, mediante la sociopsicología. En el marco de la creación de un grupo, este debe tomar medidas para sobrevivir en el tiempo. Sartre, que estudiaba entonces los movimientos revolucionarios de 1789, decía que una de esas medidas tiene que ver con la limitación: el grupo persigue en su seno a todo miembro sospechoso de querer retirarse de la acción común. A toda persona se la considera una traidora en potencia. Esto implica conflictos, oposiciones, depuraciones, que buscan disminuir las posturas individuales en beneficio de la comunidad y que instituyen «la obligación de la [solidaridad]»[7]. Se elabora un «juramento», mediante el cual todo el mundo se compromete a conservar la pertenencia al grupo[8]. «En el estadio precedente, la [solidaridad] era una experiencia vital, una invención libre que había surgido en el momento. Ahora, todo el mundo se la impone a todo el mundo a largo plazo»[9]. Esta tesis podría explicar el nivel de desconfianza que se instaura en los entornos militantes, así como los fenómenos de *gatekeeping*[10]. Los grupos se encuentran ante la necesidad de defender sus fronteras externas, por ejemplo, en caso de ataques de otros grupos reaccionarios, pero también tienen que depurar sus espacios internos persiguiendo a lxs traidorxs potenciales (a las personas que no se implican lo suficiente, a lxs «malxs militantes» o incluso a quienes no están «lo bastante deconstruidxs»). Esto explica por qué el intento de crear espacios *safe* se expresa mediante procesos de exclusión, de *call out*[11] y, en general, mediante prácticas punitivas.

UNA INOPORTUNA EXIGENCIA DE DISOCIACIÓN

Cuando un grupo llega al punto de excluir a unx de sus miembros, pocas veces se considera la cuestión de lo que viene después: ¿qué ocurre una vez que esta persona ha sido excluida de su grupo militante y de su círculo de amistades, de los lugares comunitarios de su ciudad, incluso de su lugar de tra-

---

[7] En el texto original, «fraternidad».
[8] J.-P. Sartre, *Critique de la raison dialectique*, París, Gallimard, 1960.
[9] D. Anzieu y J.-Y. Martin, *op. cit.*, p. 59.
[10] *Gatekeeping*: hecho de controlar y limitar la entrada o el acceso a un espacio; por ejemplo, a las personas que no se correspondan con las características esperadas en un grupo.
[11] *Call out o callout*: véase el capítulo «*Call out… ¿para qué?*».

bajo y de su familia?[12]. A menudo esta persona termina o bien cambiando de grupo, o bien contando únicamente con un puñado de conocidxs. Cuando la persona denunciada por abusos es nuestra hermana, nuestro hermano o nuestrx mejor amigx, el hecho de no poder darle la espalda es comprensible. En numerosas situaciones observadas, las mujeres o las personas procedentes de minorías de género, las personas racializadas, etc., se convierten en los últimos apoyos de los miembros de sus comunidades y de sus seres cercanos. Teniendo en cuenta que en la mayoría de los casos son ellas las encargadas del *care*, es decir, del cuidado de sus comunidades y de sus familias, son también quienes se encuentran en la posición de persona-recurso. En una aplastante mayoría de las gestiones de conflicto que he llevado a cabo o de las que me he enterado, suelen ser las personas inferiorizadas las que llevan la carga mental de las consecuencias de las prácticas punitivas.

En determinados entornos, no darle la espalda a una persona cercana que ha cometido violencia puede implicar el hecho de sufrir también una exclusión social. Y, sin embargo, estar cerca de una persona que ha cometido violencia permite hacer muchas cosas; entre otras, acompañarla en una toma de conciencia y en una transformación profunda. Es habitual darse cuenta, después de la denuncia pública de una violación o de una agresión, de que varias personas, cercanas a la autora de los hechos, estaban al corriente de estos. Así lo demuestran asuntos como el de Nicolas Hulot, autor de varias agresiones sexuales entre 1989 y 2001; o incluso el caso de Roman Polanski, cuyas violaciones cometidas en la década de 1970 empiezan a divulgarse en 2010. Después de la denuncia, varixs de sus colaboradorxs han confesado haber tenido noticias de los hechos muchos años antes[13]. ¿Qué habría ocurrido si estxs

---

[12] Ha sucedido que personas en esta situación sean objeto de denuncias anónimas ante sus jefes o sus familias.
[13] H. Garzon, «Nicolas Hulot accusé de viols et d'agressions sexuelles: que savaient ses proches?», 2021, disponible en [femmeactue-

últimxs se hubieran enfrentado al agresor o incluso hubieran alertado a sus colegas desde el momento en el que tuvieron conocimiento de la primera víctima? Aunque no podemos hacer recaer la responsabilidad de la reincidencia sobre los hombros de las víctimas que no desean presentar cargos, sí podemos, no obstante, hacernos preguntas sobre el entorno que elige no hacer nada. Encontramos ese mismo mecanismo en las esferas más insospechadas. Puede resultar extremadamente difícil confrontar a una persona con sus acciones, incluso más cuando se trata de amigxs o amantes. Es algo que exige mucho valor y sentido de la justicia. Sin embargo, es más que necesario aprender a hacerlo[14], pues cada unx de nosotrxs tiene una responsabilidad frente a un comportamiento violento. Son las personas que están en nuestras vidas cotidianas, nuestrxs colegas, nuestrxs amigxs, nuestra familia, quienes mejor conocen nuestras acciones y, por lo tanto, quienes deben decirnos cuándo actuamos de una forma que no se corresponde con nuestros valores. Si no, ¿quién lo va a hacer?

Conservar o desarrollar un vínculo de confianza es la clave de todo acompañamiento. Prohibir y aislar a los apoyos cuando estos deciden no abandonar a la persona cercana que ha cometido violencia es algo contraproducente. En los entornos feministas, está muy extendida la idea según la cual habría que tratar a las personas que conocemos y que han cometido actos de violencia de la misma manera intransigente con la que tratamos a lxs desconocidxs. Si de esa manera lo que esperamos es que sus seres queridos lxs excluyan o ignoren, es

lle.fr]; y también L. Chemia, «"Des gens savaient et n'ont rien dit": *Paris Match* fait de nouvelles révélations sur Nicolas Hulot», 2020, disponible en [franceinter.fr].

[14] Sobre este tema, véanse el trabajo de K. Ch. Thom –en concreto, «Comment aider un·e ami·e qui a eu des comportements abusifs par le passé (et qui a changé depuis)», 2019, en [trrransgrrrls.wordpress.com], Feutre (trad.), y «Que faire quand on a agressé quelqu'un·e», *Multitudes*, 2022– y le Zine Le Village, *Le mal est fait*, 2020, n.º 3, disponible en [zine-le-village.fr].

una petición muy difícil de cumplir. Pero, de manera inversa, podría implicar plantear límites rigurosos sobre lo que es (in)aceptable y nombrar claramente lo que se espera en términos de toma de conciencia y reparación. Siguiendo estas líneas de aceptación, deberíamos efectivamente aprender a tratar a nuestras personas cercanas con intransigencia, a la vez que aprendemos a pensar en lxs desconocidxs con empatía y pensándolxs en su integralidad, sin reducirlxs a sus acciones.

«YO TE CREO». ¿Y DESPUÉS?

A lo largo de numerosos acompañamientos, lo más inquietante que hemos podido constatar sigue siendo que no hay necesidad de hechos concretos y explícitos, ni siquiera, a veces, de testigos o de víctimas directas, para formular o transmitir una acusación grave. Es importante subrayar, antes de nada, que dar crédito a las declaraciones de personas que se dicen víctimas de un acto reprochable es un gran avance. Tomarse en serio esas palabras, escucharlas y establecer dispositivos para responsabilizarse de ellas es algo más que necesario; así como lo es no minimizar los hechos, ridiculizarlos o silenciarlos.

Sin embargo, debemos hacerlo tomando precauciones, sin ceder a la urgencia, puesto que ya conocemos las consecuencias que puede tener una toma de palabra pública en determinados espacios, ya sea sobre la vida del grupo en el cual han tenido lugar las denuncias o sobre la persona denunciada. En las publicaciones *online*, por ejemplo, la costumbre de verificar las informaciones antes de difundirlas parece ser una excepción a la regla. Deberíamos plantearnos siempre algunas cuestiones: estas informaciones que nos llegan, ¿proceden directamente de la persona que ha vivido los hechos denunciados o son de segunda, tercera o décima mano? ¿Qué es lo que estas personas entienden por «manipulación» o «agresión» exactamente? En determinados espacios reina una política de «primero denunciar y después comprobar». En las redes sociales, los perfiles que reciben las acusaciones se adhieren claramente a esta orientación, defendiendo la idea de que lxs agresorxs, violadorxs, acosadorxs –en resumen, las «personas tóxicas»– son en realidad tantxs que, de todas formas, hay una posibilidad grande de que las acusaciones tengan fundamento. Y, en el peor de los casos, si esta vez no lo tienen, será de todos modos una oportunidad para sensibilizar sobre el aspecto endémico de las violencias sexistas. Como si hubiera una urgencia absoluta en difundir todas las acusaciones para crear un entorno lo más *safe* posible, sin pensar en las repercusiones que esto pueda tener sobre las personas señaladas y sin tener que responder de esta propagación. Difundir acusaciones nominativas es ya tomar partido; hacerlo sin testimonios directos representa un riesgo enorme de equivocarse de blanco o de reproducir las violencias. «Creer a las víctimas» es un grito de batalla primordial en una sociedad en la que la cultura de la violación, los crímenes racistas o incluso los delitos pederastas están tan extendidos. Pero, por otro lado, ¿cómo se puede pensar que todas las personas que se dicen víctimas de algo lo son?

La historia nos enseña que este no siempre es el caso, como lo demuestran las falsas acusaciones de violación que las mujeres blancas hicieron a hombres negros en la época colonial[15] o incluso más actualmente[16]. En nuestros días, es habitual que las fuerzas del orden que han cometido un abuso de poder denuncien a la persona que lo ha sufrido[17], posicionándose así como víctimas ante los ojos de la justicia. Cada vez es más

---

[15] Colectivo Matsuda, *Abolir la police*, 2021, autoedición, pp. 249-316.

[16] Véase el asunto de los «cuatro de Groveland»: A. Bonte, «États-Unis: quatre hommes noirs accusés à tort de viol disculpés 72 ans plus tard», *Positivr*, noviembre de 2021, disponible en [positivr.fr].

[17] Sobre este tema, véase por ejemplo AFP, «Hauts-de-Seine: L'IGPN enquête sur les plaintes de deux femmes pour violences policières. De leur côté, les trois policiers ont également porté plainte», mayo de 2022, disponible en [20minutes.fr].

habitual también que sean lxs autorxs de una agresión quienes llamen a la policía o quienes movilicen los dispositivos gubernamentales como si fueran la parte concernida del proceso de acoso[18]. He realizado muchos acompañamientos en los entornos autónomos o feministas en los que las personas víctimas habían sido denunciadas por los hechos que ellas mismas habían sufrido. Asimismo, he sido testigo de situaciones en las que las dos personas se denunciaban mutuamente por hechos de violencia, pero en las que sólo a una de ellas se la tomaba en serio y era escuchada por su comunidad. Todo esto muestra que, a veces, no es tan sencillo trazar la línea entre las víctimas, por un lado, y los verdugos, por el otro, basándose únicamente en la palabra. Algunas personas pueden utilizar al grupo y sus relaciones de poder a su favor para mantener a la otra persona en una situación de sumisión o de violencia.

Juzgar estas situaciones implica tener conocimientos teóricos y prácticos sobre la manera en la que funciona la violencia. Y aún hay muchos ángulos muertos en este tema. Por ejemplo, los estudios sobre las violencias conyugales dentro de las parejas lesbianas y/o *queer* son muy reducidos, incluso inexistentes. No tenemos ni cifras ni conocimientos profundos sobre las dinámicas particulares que operan en estos contextos. Dicho de otra manera, todas las pistas que tenemos para leer una situación de violencia intraconyugal *queer* se basan en películas, libros, artículos y relatos que se refieren a personas heterosexuales. Sin embargo, las violencias conyugales heterosexuales y las violencias conyugales entre lesbianas/*queer* son diferentes en muchos aspectos[19]. No adoptan la

---

[18] Véase la conversación con Catherine Hodes, en S. Schulman, *Le conflit n'est pas une agression*, París, B42, 2021 [2017], p. 92 [ed. org.: *Conflict Is Not Abuse: Overstating Harm, Community Responsibility, and the Duty of Repair*, Arsenal Pulp Press, 2017; ed. cast.: *El conflicto no es abuso. Contra la sobredimensión del daño*, Nicolás Cuello y Diego del Valle Ríos (trad.), Paidós, 2023].

[19] Sobre este tema, véanse S. Thibault, *Les Représentations sociales de la violence conjugale chez les couples de lesbiennes: points de vue d'actrices so-*

misma forma, no entran en juego las mismas fuerzas, no son identificables según los mismos síntomas. Es una de las consecuencias del sexismo: la falta de estudios y de estadísticas sobre nuestras propias experiencias de violencia nos impide definir con palabras estas situaciones y protegernos. Los únicos recursos que tenemos en estos temas han sido producidos de manera militante, sin tener, por lo tanto, los medios del CNRS[20] para analizar y estudiar este fenómeno[21]. Por otro lado, muchas lesbianas/*queer* están convencidxs de que las violencias conyugales no son algo que lxs afecte en sus entornos –de la misma manera que lxs médicxs, lxs jueces y todxs lxs intermediarixs con prejuicios homófobos o que sencillamente no se han informado y a lxs que podríamos tener que recurrir–. He acompañado a personas *queer*/lesbianas acusadxs de violencias conyugales (especialmente físicas) por parte de sus exparejas, pero que habían sufrido igualmente violencias. Una de ellas era quien propinaba el golpe, a veces después de sufrir durante mucho tiempo violencias psicológicas por parte de la otra persona. Como el golpe físico es una acción especialmente chocante y simbólicamente potente, ha sido solamente ante la denuncia de este último cuando las comunidades que rodean a la pareja han reaccionado. Las personas en cuestión han acabado siendo el objeto de un acoso colectivo debido al golpe que han asestado sin haber podido expresar

ciales qui contribuent à leur construction, Montréal, McGill University, 2008; C. Spina, «Violences entre femmes lesbiennes. Les zones grises de la sororité», *Manifesto XXI*, marzo de 2020, disponible en [manifesto-21.com]; Queer Chrétien(ne), «Les violences conjugales LGBTQ+», 2021, disponible en [youtube.com]; y X, «Les violences conjugales, c'est pas qu'un truc d'hétéro – Sur les violences conjugales entre gouines, trans», folleto que se puede solicitar por mail a collectif.fracas@gmail.com.

[20] Centro Nacional para la Investigación Científica, por sus siglas en francés.

[21] Con la excepción de algunos pasajes en la investigación de Virage, «Violences et rapports de genre: contextes et conséquences des violences subies par les femmes et par les hommes», *Ined*, 2020.

la violencia de la que ellas mismas habían sido víctimas. Además, estas violencias conyugales se producen en un contexto particular, puesto que las personas heterosexuales y las personas *queer* no tienen acceso a las mismas redes de apoyo y de sociabilidad. Por ejemplo, las personas *queer* víctimas de violencias conyugales suelen estar especialmente aisladas, puesto que las redes *queer* son limitadas y a menudo compartidas por las dos componentes de la pareja. ¿Cómo hablar de las violencias sufridas cuando todas nuestras amistades son comunes?

Hacerse justicia a unx mismx

Como el relato contado anteriormente, lo que viene a continuación es una historia compuesta por partes de otras, pero que se basa en hechos y mecanismos que he conocido en mi trabajo y en mi experiencia militante.

V. es un hombre cisgénero bipolar. Comparte alquiler con L., que es una persona no binaria y neurotípica. Frecuentan además la misma okupa antifascista y militan en los mismos ambientes. Ambos comparten un apartamento desde hace un año, pero han discutido por la limpieza y la logística. La convivencia no funciona y deciden que V. conserve el piso y que L. se mude. Puesto que hace falta que entre una nueva inquilina en lugar de L., V. necesita organizarse y saber cuándo L. va a llevarse sus cosas. Por su parte, L., que necesita tiempo porque no ha llevado bien la mudanza, no responde a las peticiones de V., no contesta a tres mensajes suyos y después le pide que deje de escribirle.

V. no sabe qué hacer con las cosas de L. y la llegada de una nueva inquilina le apremia. Escribe a una amiga de L. para preguntarle cómo puede organizarse. Esta amiga empieza respondiéndole, pero al cabo de varios mensajes se vuelve distante y termina por pedir a V. que no le escriba más y que deje de «acosarla».

Unos días más tarde, V. recibe un mail de la okupa donde se le anuncia que, a partir de ese momento, no puede volver a entrar allí. Las tres mujeres del grupo que han redactado el correo dan como argumento que él habría echado de su casa a una persona *queer* (L.) y que después la habría acosado. Se presentan como amigas de L., a quien protegen y apoyan. El mensaje precisa que V. no debe presentarse más en la okupa y sus autoras le piden una carta de disculpas pública en la que V. reconozca explícitamente los hechos; algo que él se niega a hacer. En paralelo a este correo, lxs amigxs y conocidxs de V. se van alejando progresivamente y cada vez responden menos a sus mensajes.

V. se encuentra aislado y se muda. Después de una crisis especialmente fuerte, se interna voluntariamente en un hospital psiquiátrico. A la salida de este, descubre que se han enviado correos electrónicos a varias listas antifascistas para denunciarlo con nombres y apellidos como un «acosador». Un día, cuando vuelve a su casa, descubre allí a las tres mujeres que habían escrito el mail; le estaban esperando para amenazarlo con el objetivo de que reconociera los hechos. Con la esperanza de que eso calmara la situación, V. escribe la carta de disculpas y se la da para que se marchen. Unos días más tarde, un grupo, en el que se encuentran las tres mujeres y otras personas a las que no conoce, le espera a la puerta de su casa y le propina una paliza en la calle. Aunque V. haya cambiado desde entonces de amistades, la gente sigue acudiendo a verlo de manera regular para pedirle explicaciones.

Desposeer a los protagonistas del conflicto

Antes de nada, este relato plantea la cuestión de la violencia legítima. ¿Según qué principios políticos se puede justificar una paliza? Esas tres mujeres, autoproclamadas «apoyo de la víctima» y actuando para hacer justicia, utilizan el imaginario y las herramientas feministas para intervenir en una situación de conflicto entre un hombre cisgénero y una persona no binaria. Especialmente porque la situación está desequilibrada, en términos del lugar que ocupan lxs implicadxs dentro de las relaciones de dominación, es por lo que el colectivo que excluye a V. o incluso el grupo que se planta ante su domicilio entienden que su comportamiento y reivindicaciones son legítimas. Este desequilibrio engendra un deslizamiento entre una situación de ruptura de la convivencia, en la que ambas partes tienen sus responsabilidades, y el relato después difundido de una situación de violencia en la que V. se aprovecharía de su posición para acosar e imponer una precariedad habitacional a L. Es interesante señalar que la bipolaridad de V. no se menciona en el correo ni se tiene en cuenta en el «juicio» colectivo. Se trata de colocar en bandos opuestos a un varón violento y a una persona perteneciente a una minoría de género a la que hay que proteger, lo que puede corresponderse con una representación feminista de una relación de fuerza patriarcal. Tenemos derecho a preguntarnos si a poco que la situación se hubiera desarrollado en esferas anticapacitistas, las posturas no se habrían invertido. Esta cuestión subraya el hecho de que nuestras reacciones ante una situación violenta, a pesar de toda nuestra buena voluntad, se basan en calcos y sesgos que hemos desarrollado según el entorno en el que nos hemos movido. En este sentido, deconstruirse no es algo que pueda hacerse sin un proceso de reconstrucción y de asimilación de las nuevas normas. Cuando evaluamos un conflicto desde la óptica del testigo, seleccionamos necesariamente los elementos que deseamos conservar. Como no somos profesionales del derecho y no tenemos los medios para llevar a cabo una investigación en profundidad, la mayoría de las veces nos quedamos con lo más sencillo. Sin embargo, captar los conflictos y los abusos requiere pensar con sangre fría. Una vez que ha pasado el peligro inmediato y que las diferentes partes se encuentran en una situación segura, temporalizar nuestras reacciones para poder determinar el sentido de lo ocurrido es algo esencial.

Es importante fijarse en la cuestión de la motivación de estas personas. Sería ingenuo pensar que actúan únicamente por un sentido del compromiso militante y por pura buena voluntad. Quizás haya algo de eso, pero aun así hay que plantearse la cuestión de los intereses personales. Como subraya Kai Cheng Thom, militante transfeminista que trabaja especialmente en la gestión de conflictos dentro de las comunidades *queer*, la «claridad», la «integridad», la «ética» son factores importantes en la justicia intracomunitaria. De la misma manera, plantear límites personales y colectivos claros en torno a un plan de acción detallado y definido de manera precisa permite evitar que sucedan acompañamientos abusivos, especialmente en el seguimiento de la persona autora de las violencias. El principal riesgo está en lo que Tada Hozumi denomina «abuso de responsabilización»[22], que ocurre cuando las tendencias personales de cada unx, que nos llevan a controlar y/o castigar a otrxs, a «adquirir capital social y a exorcizar los fantasmas de su propio pasado», no se evalúan con claridad[23]. En la mayoría de los seguimientos que he podido hacer, las personas dispuestas a adueñarse de un conflicto o de un hecho violento no son las protagonistas directas del incidente; como en este asunto en el que no se sabe muy bien en nombre de quién actúan las tres mujeres. Ellas afirman que son amigas de L. y que quieren que se le haga justicia; no sabemos si L. está de acuerdo con esta toma de responsabilidad ni con los actos que se han cometido en su nombre. L. aparece al inicio de esta historia, después desaparece cuando de lo que se trata es de tomar decisiones respecto a V. No sabemos lo que L. ha dicho, ni qué tal le va, ni cómo desea reaccionar ante la situación.

En este tipo de mecanismos hay determinadas etapas que parecen ser recurrentes.

---

[22] T. Hozumi, «Cultural Somatics w/ Tada Hozumi», *The Stoa*, 2020, disponible en YouTube.
[23] K. C. Thom, «Comment aider un·e ami·e qui a eu des comportements abusifs par le passé (et qui a changé depuis)», cit.

En primer lugar, la persona objeto de la agresión relata lo que ha vivido. Puede ocurrir que su palabra no se tenga en cuenta, por lo que no se produce ninguna gestión colectiva y la persona termina por autoexcluirse o callarse. O puede ocurrir que se la escuche, entonces se pone en marcha una tentativa de gestión de la agresión, de la que a menudo se encargan los círculos más cercanos a esa persona (una sola persona o un grupo).

A partir de entonces, puede ocurrir que a la persona objeto de la agresión no se le consulte nada o apenas nada, por el deseo de protegerla o de impedir que haya una reactivación del trauma. O puede ocurrir, en un caso extremo (especialmente en determinados entornos *queer*), que se le dé absolutamente todo el poder a la víctima y que se la consulte para el más mínimo detalle, que cada una de sus exigencias, por muy violentas y absurdas que sean, deban ser respetadas y aplicadas sin que el grupo reflexione sobre ellas[24]. A menudo, el grupo termina por pasar de las peticiones, que cada vez son más agobiantes, y no seguir con el asunto. Puede que la «víctima» quede reducida por el grupo, bien a una posición pasiva, sin capacidad de actuación o de elección, o, menos habitual, a una posición dominante, gracias a la excesiva legitimidad que se ha concedido a sus exigencias.

En paralelo a esta esencialización de la «víctima», encontramos la de «agresorx». La persona autora de la agresión ya no es una persona que haya tenido un comportamiento concreto en un momento dado, sino «una agresora», peligrosa para cualquiera que se le acerque, lista para agredir a cualquiera en cualquier momento. Incluso cuando la víctima no haya solicitado ninguna medida, el grupo puede por sí mismo decidir excluir a la persona agresora con el pretexto de la seguridad individual y colectiva. Además, a medida que el

---

24 Por ejemplo, cuando la petición que se hace es no volver a cruzarse con la persona en ninguna parte, algo que parece difícil de llevar a cabo cuando esta sigue viva y en libertad.

círculo de personas advertidas se amplía, las versiones que se cuentan se simplifican y deforman cada vez más, a menudo para peor. Frecuentemente, quienes protagonizan el conflicto terminan desposeídxs de su historia. No pueden ya tomar decisiones en lo que respecta a su proceso de reparación o de curación, porque las personas que se encargan de gestionarlo ya no lxs escuchan. Este engranaje cuestiona la aplicación del principio de «escuchar a la víctima», que a menudo se encuentra desposeída de su propia historia en este tipo de «juicios populares».

Si percibimos el feminismo como una herramienta política de emancipación y de liberación de las mujeres y de las minorías de género, ¿cómo hemos concebido un procedimiento que legitima la suspensión de los derechos fundamentales de un individuo en nombre de esa misma lucha? Es por otro lado interesante señalar un desplazamiento en eso que llamamos las prácticas feministas abolicionistas. En la década de 1970, en Francia, una parte del feminismo abolicionista, la más radical y revolucionaria, reivindicaba los juicios sin condena[25]. Se presentaban en los tribunales para solicitar la liberación de determinados violadores después de su juicio, entendiendo que la «represión contra un violador en concreto»[26] no permitiría terminar con las violencias machistas y sexuales. Aunque el reconocimiento de estas violencias por parte del Estado y de la justicia francesa era algo esencial y estratégico, esto no era óbice para entender que había que abolir el sistema carcelario y punitivista, y para que se defendiera que no había que mandar a nadie a la cárcel. Por lo que parece, a la vista de las prácticas punitivas que se ejercen en nombre del feminis-

---

[25] J. Bérard, «Dénoncer et (ne pas) punir les violences sexuelles? Luttes féministes et critiques de la répression en France de mai 68 au début des années 1980», *Politix*, 107, 2014, pp. 61-84.
[26] F. d'Eaubonne, «Affaire Azuelos: merci monsieur le procureur: pour une réponse pratique à la question du viol», *Les Cahiers du Grif*, 14-15, 1976, p. 75.

mo abolicionista, hemos pasado de los juicios sin condena a las condenas sin juicio, una inversión característica de la sociedad neoliberal.

Es interesante señalar otro desplazamiento: en el grupo se pasa de una exigencia de reconocimiento de los hechos y una petición de disculpa por escrito a una pura venganza ejercida bajo la forma de violencia física. Una vez que V. hubo aceptado lo primero que le requirieron, el nivel de exigencia aumentó y la carta ya no era suficiente. En la práctica totalidad de mis acompañamientos, las personas que accedían a las primeras peticiones de este tipo, formuladas por parte del colectivo, veían cómo las siguientes eran cada vez más duras. He oído hablar de personas a las que se había conminado a no mantener más relaciones de amistad, amorosas o sexuales (y sin un límite de tiempo); a abandonar todos los colectivos militantes y su entorno comunitario; de revelar a sus familias las acusaciones de las que eran objeto; a dejar su trabajo (sin que el hecho reprochado tuviera ninguna vinculación con el puesto de trabajo o con la posición de poder que este pudiera concederle). Este tipo de reivindicaciones niegan por completo los derechos fundamentales individuales y se llevan a cabo en ocasiones sin ninguna correlación con la gravedad de los hechos supuestos (por ejemplo, pedirle a una persona que dimita de su puesto dentro de una asociación por haber empleado un término inadecuado). Acceder a una primera exigencia equivale a reconocer los hechos que se reprochan, lo que abre la puerta a un endurecimiento de las demandas formuladas, aunque, a menudo, las personas acusadas accedan a ello a su pesar y no porque reconozcan en realidad los hechos. Se plantea así la cuestión del objetivo: ¿los castigos se imponen para que la persona cambie gracias a que comprende el alcance de sus actos, o para saciar un sentimiento de venganza? Adueñarse colectivamente de los actos de violencia y de los conflictos es algo primordial, pero este procedimiento debe hacerse sin reproducir la violencia contra las personas. Para eso, mejor llamar a la policía, que ostenta el poder coercitivo.

47

Antes de abordar la cuestión de la legitimidad de la violencia, señalemos que el colectivo que primero tomó la iniciativa de la exclusión de V. y que después le dio la paliza seguramente no entiende que sus propios comportamientos hayan sido «violentos». Teniendo en cuenta que V. es quien ha sido designado como violento, lo que se haya hecho en su contra se percibe como legítimo y, por lo tanto, benigno. En este estadio, «nada de lo que se hace en contra de una persona a la que se juzga como abusadora es un abuso»[27]. V. ya no es una persona que tenga el derecho de ser escuchada y que pueda dar su versión de los hechos y estar en desacuerdo con lo que se le impone, sino un «monstruo» en el sentido más propio del término: un ser extraordinario con el que no se puede tener empatía. De la misma forma que la cárcel reduce a lxs presxs a sus acciones, las respuestas punitivas no estatales se anclan igualmente en una deshumanización del Otro.

¿Legítima defensa o venganza?

La legítima defensa se describe en el Código Penal francés de la manera siguiente:

> No es penalmente responsable la persona que, ante una ofensa injustificada contra ella misma o contra otra, lleve a cabo, en ese mismo momento, un acto dirigido por la necesidad de la legítima defensa de sí misma o de otra, salvo que exista una desproporción entre los medios de defensa empleados y la gravedad del intento.
>
> No es penalmente responsable la persona que, para interrumpir la ejecución de un crimen o de un delito contra un bien, lleve a cabo un acto defensivo, siempre que no sea un homicidio voluntario, cuando esa acción sea estrictamente necesaria para el

---

[27] P. Grand d'Esnon, «Pureté militante, culture du "callout": quand les activistes s'entre-déchirent», *Neonmag*, 2021, disponible en [neonmag.fr].

fin perseguido y siempre que los medios empleados sean proporcionales a la gravedad de la infracción[28].

Destacan aquí dos aspectos: el de la proporcionalidad entre la acción que se pretende interrumpir y su reacción, y el de la temporalidad, ambas acciones deben ocurrir en el mismo momento. Desde una perspectiva abolicionista, es posible cuestionar esta ley y su aplicación, que a menudo sirve para reproducir los esquemas de dominación sobre los grupos dominados. Tomemos por ejemplo el dilema en torno a la legítima defensa diferida en el caso de las violencias reiteradas en el seno de la pareja. En 2012, Jacqueline Sauvage fue condenada a diez años de cárcel por haber asesinado a su marido con tres disparos de fusil por la espalda. Este asesinato se inserta dentro de un contexto de 47 años de violencias y/o agresiones sexuales que sufrieron Jacqueline y sus criaturas; pero, puesto que la mujer no había asesinado a su marido durante una de esas agresiones, no pudo alegar legítima defensa. Aunque en 1990 Canadá aprobó una ley sobre la legítima defensa en diferido, Francia siempre se ha negado a aceptar ese concepto (aunque haya habido notables mejoras, especialmente después del caso de Valérie Bacot, que «sólo» cumplió un año de cárcel después de haber asesinado a su marido maltratador en 2016). Es posible que una víctima no reaccione en el momento, especialmente teniendo en cuenta mecanismos cognitivos como el estupor. El debate en torno a esta ley es especialmente interesante, sobre todo porque plantea las repercusiones psicológicas de una situación de violencia reiterada y cuestiona la forma en la que estas se entienden por parte de la judicatura. Este proceso destaca la incapacidad de la ley a la hora de asumir un contexto de agresiones y las consecuencias de una estructura de dominación en el comportamiento de una persona dominada. Hablar de legítima defensa en diferido constituye a ojos de algunxs una «licencia para

---

[28] Art. 122-5 del Código Penal francés.

matar»[29] y a ojos de otrxs una cuestión verdaderamente feminista sobre el reconocimiento del impacto devastador de las violencias sufridas a lo largo de mucho tiempo.

Por otro lado, el criterio de la proporcionalidad sigue siendo pertinente y nos impone un marco al que no deberíamos poder renunciar. No se trata aquí de responder a la pregunta, pero sí al menos de plantearla: ¿cuál sería una respuesta proporcional a una acción violenta sexista, racista, capacitista? ¿Cómo se puede reaccionar de manera proporcional a un hecho que se apoya sobre una opresión sistémica que sufre la víctima y cuyos efectos sobre la salud no son ni siquiera calculables?

Podemos entonces cuestionar el aspecto subjetivo del concepto de proporcionalidad. Aunque una persona víctima de acoso escolar diario durante varios años elija vengarse de sus victimarios quemándoles la casa, ¿cómo juzgamos si eso es o no proporcional? ¿En función de las repercusiones sobre la vida de las dos partes? ¿En función de los daños materiales? En los entornos *queer* ya se ha convertido en algo banal que las personas sean excluidas de los lugares comunitarios de su ciudad después de que hayan sido públicamente denunciadas por una agresión o, más habitualmente, por una mala acción, incluso aunque hayan reconocido los hechos y busquen la manera de enmendarlos. De la misma manera, es un hecho común difundir rumores sobre estas personas; designarlas como «manipuladoras», «perversas narcisistas» o «personas tóxicas»; impedirles el acceso a un evento o a los espacios *queer*, por faltas sociales tan diversas como una frase políticamente incorrecta o un episodio de violencia física[30]. Como los lugares comunitarios *queer* son escasos, excluir a una persona de uno de ellos equivale a menudo a excluirla del conjunto de su co-

---

[29] M.-L. Zonszain, «Éric Dupond-Moretti sur les violences conjugales: "La légitime défense différée, c'est un permis de tuer"», *Femme actuelle*, 2021, disponible en [femmeactuelle.fr].
[30] K. C. Thom, «Pourquoi les communautés queer se déchirent-elles?», cit.

munidad (lo mismo parece ocurrir con otros grupos de personas inferiorizadas o que viven en regiones poco habitadas). Por si fuera poco, estas exclusiones se aplican en su mayoría sin un límite de tiempo. Sabiendo que las personas pertenecientes a colectivos inferiorizados se apoyan habitualmente en estas redes para encontrar amistades, trabajo o incluso vivienda, apartarlas de todo esto sin una duración determinada es una manera de ponerlas directamente en peligro. Sufrir una exclusión comunitaria supone regresar a una sociedad cisheteropatriarcal, lo que no es posible para todo el mundo. Incluso cuando los hechos han tenido lugar años antes, las reputaciones siguen manchadas en estas comunidades, un poco de la misma manera que cuando se tienen antecedentes penales, en una especie de antecedentes comunitarios. Es habitual que historias que se remontan a hace muchos años vuelvan a salir para desacreditar políticamente a alguien o para prohibirle el acceso a un lugar. En muchos acompañamientos, las personas a las que perjudican los castigos han acabado por mudarse para protegerse, lo que no ha impedido que en su nueva ciudad se extendieran rumores que las afectaban. Las repercusiones son, por lo tanto, múltiples y perniciosas: la exclusión de una comunidad o el encierro en territorios reducidos con la prohibición de entrar en determinados espacios; la supresión de los recursos sociales, financieros, materiales; las recaídas de la salud mental o física, etc. Teniendo todo esto en cuenta, ¿cómo medir la proporcionalidad entre la acción cometida y los efectos del castigo?

Al hilo de mis seguimientos, he visto en varias ocasiones a personas (no directamente afectadas por el hecho violento) aplicar un castigo sin tomar en cuenta sus consecuencias devastadoras sobre la vida de lxs interesadxs. A veces es porque no lo ven, pero la mayoría de las veces es porque han decidido cerrar los ojos ante ello. Sin embargo, ¿cómo aplicar una condena sobre alguien que ha actuado mal y no asume sus responsabilidades cuando nosotrxs mismxs le estamos infligiendo violencia sin asumir nuestras responsabilidades? El uso legítimo (y/o legalizado) de la violencia forma parte de los privilegios de las clases dominantes[31]. Reapropiarse de una violencia expropiada, utilizarla para restablecer un equilibrio o en una situación que nos parece injusta por las relaciones desiguales de poder, es una estrategia militante y feminista posible para retomar el poder sobre nuestras vidas. Pero, entonces, ¿cuál es la diferencia entre un empleo feminista de la legítima defensa para reapropiarnos de nuestra potencia colectiva y una pura venganza individual? Llevar a cabo una acción política contra una multinacional o un partido político enfrentándonos a algunxs de sus representantes[32] es diferente en este sentido del hecho de humillar a una persona actuando únicamente en nuestro nombre. Los relatos de venganza feminista son numerosos y alimentan el imaginario colectivo de nuestras luchas[33].

Yo misma he estado tentada de unirme a grupos para llegar a casa de una persona, saquear su piso y obligarla a escribir cartas de confesión dirigidas a sus padres. Aunque la famosa escena de *Millenium*[34] en la que Lisbeth Salander tatúa a su violador al estilo carnicero pueda ser especialmente catártica, no deja de ser una ficción. Fomentar este tipo de prácticas en la realidad me parece por lo menos inquietante.

Los daños psicológicos a los que nos exponemos dando palizas o molestando a otras personas pueden también ser considerables, sobre todo para personas que no tengan esa

---

[31] E. Dorlin, *Se défendre*, París, La Découverte, 2017 [ed. cast.: *Autodefensa: una filosofía de la violencia*, Margarita Martínez (trad.), Txalaparta, 2019].

[32] Como lo hace por ejemplo Act Up con su campaña *#PécresseDélinquante* (2021): «*#PécresseDélinquante:* la justice a tranché, Act Up-Paris relaxée!», 2021, disponible en [blogs.mediapart.fr].

[33] Véanse, entre otras, las películas de Todd Morris, *A Gun for Jennifer*, 1998, y *De l'amour plein le four*, 2017; de Patty Jenkins, *Monster*, 2004, y de Coralie Fargeat, *Revenge*, 2017; y los libros de Virginie Despentes, *Baise-moi*, París, Florent Massot, 1994; de Helen Zahavi, *Dirty Week-End*, París, Pocket, 1992; de Marcia Burnier, *Les Orageuses*, París, Cambourakis, 2020, y de Valerie Solanas, *SCUM Manifesto*, autoeditado, 1967.

[34] Película de Niels Arden Oplev, *Millenium*, 2009.

costumbre. Un acontecimiento así genera una carga emocional no controlada que, por lo general, supera los recursos del sujeto, lo que puede producir un trauma. En los relatos de venganza colectiva a menudo hay un momento, justo antes de que una de las personas del grupo se decida a empezar, en el que los miembros tienen la tentación de retirarse. Generalmente es la presión del grupo lo que hace que se acaben decidiendo. Pasar a la acción equivale entonces a acallar una parte de nuestra conciencia. Aunque a algunas personas el cometer una acción de venganza contra unx agresorx las flipe, porque las convierte en protagonistas de las leyendas populares, parece evidente que siempre hay una faceta que se disimula: el coste psicológico de haber cometido tales acciones. Dicho de otra manera, aunque el fantasma de la venganza sea útil y necesario para muchxs de nosotrxs, ponerlo en práctica constituye un riesgo de retraumatización y de peligro más que otra cosa. Además, «la forma en la que juzgamos a "otrxs" nos enseña mucho sobre la manera en la que podemos esperar que nuestrxs pares nos traten a nosotrxs»[35].

Para poder diferenciar entre venganza y autodefensa, la cuestión del objetivo es fundamental. ¿Se ha cometido el acto para que cese una situación de violencia y para poner a salvo a sus protagonistas? ¿Se ha cometido de manera preventiva sobre una persona reincidente o que conserva el poder necesario para eludir cualquier justicia institucional? O, por el contrario, ¿este acto se origina en el sentimiento de cólera y como respuesta a un trauma pasado? Es difícil juzgar dichos actos teniendo en cuenta la cantidad de hechos violentos que se cometen cada día con toda impunidad sobre las poblaciones inferiorizadas. Se podría sostener que estas venganzas no hacen más que acumularse a las ya existentes y que únicamente buscan reequilibrar las relaciones desiguales de poder. La violencia es una herramienta de autodefensa feminista, como

---

[35] Leïla, «Quelle culture féministe voulons-nous? Pour un nouveau Code féministe», *Medium*, 2020, disponible en [medium.com].

lo subraya Elsa Dorlin en *Se défendre*, para quien el paso a la violencia es «la consecuencia lógica del análisis de que la opresión de las mujeres y su inferiorización es un hecho estructural del Estado»[36]. En este sentido, la autodefensa es un «proceso de rehumanización»[37] en el cual las mujeres y las minorías de género retoman el poder sobre sus cuerpos y sus existencias. Constituye una estrategia para combatir al mismo nivel el patriarcado, el capitalismo o incluso el colonialismo. Pero ¿cómo diferenciar entre los procesos de venganza y los de autodefensa? En determinados espacios anticapitalistas y feministas parece admitirse de manera común que cuando una relación de fuerzas está desequilibrada, todas las medidas que se tomen frente a la persona en situación de poder son legítimas. Aquí nos encontramos con la idea de que «nada de lo que se hace contra una persona a la que se considera agresora es una agresión»[38]. «Se nos dice que no hacemos sufrir al culpable únicamente para que sufra, pero no deja de ser igualmente cierto que nos parece justo que sufra»[39]. Por lo tanto, la eficacia de una estrategia así a largo plazo nos puede hacer plantear si una reorganización de las estructuras sociales y una redistribución igualitaria de los poderes y los capitales dependerán de dar palizas.

No es mi intención juzgar a las personas que desean adentrarse en ese camino y no podría de hecho adoptar una postura que condene estas acciones, que, por otra parte, yo misma he querido aplicar en determinados momentos de mi vida. Esto no me impide, sin embargo, estar especialmente preocupada por el clima comunitario y político que estas prácticas han instaurado. Hablar de respuesta estratégica frente a los grupos fascistas, o incluso de autodefensa cuando se nos agre-

---

[36] E. Dorlin, *op. cit.*
[37] *Ibid.*
[38] P. Grand d'Esnon, «Pureté militante, culture du "callout": quand les activistes s'entre-déchirent», cit.
[39] E. Durkheim, *De la division du travail social*, París, Puf, 1996 [1893].

de en las calles, es muy diferente a planificar una paliza. Tenemos que interrogarnos acerca del horizonte político que dibujan estas dinámicas grupales.

El *call out*... ¿para qué?

Los *call outs*, denuncias nominativas que en su mayor parte se suelen hacer *online*, constituyen en la actualidad una de las herramientas más utilizadas para visibilizar las violencias, especialmente las interpersonales. En un principio se desarrolló para desvelar acciones de personas conocidas y públicas, pero el *call out* desde hace varios años se utiliza en el seno mismo de los entornos militantes, hasta incluso para señalar a personas inferiorizadas o que no son especialmente ricas e intocables. En determinados casos, el *call out* puede ser la única solución posible. Si el autor o la autora de una agresión dispone de un importante capital financiero o social, de un apoyo mediático o político, entonces el único medio de afectarlx puede ser ese. El caso de Denis Baupin[40] es un ejemplo especialmente elocuente. France Inter y Mediapart publicaron en mayo de 2016 los testimonios de ocho cargos electos y colaboradoras de Europe Écologie Les Verts, en los que afirmaban haber sido víctimas, entre 1998 y 2014, de acoso sexual, incluso de agresión sexual, por parte de Denis Baupin. Después de una denuncia pública, su entorno y determinados miembros de su partido político (EELV) admitieron que habían estado al corriente de los hechos desde hacía años. Se podría plantear la hipótesis de que, gracias a su influencia, a sus apoyos y a su peso político, Denis Baupin había logrado irse de rositas durante tanto tiempo. Aquí, el *call out* ha sido probablemente la única solución posible para quebrar la *omertà* y para alertar a la opinión pública y la justicia.

---

[40] Denis Baupin: político, miembro de Europe Écologie Les Verts entre 1989 y 2016, teniente de alcalde de París entre 2001 y 2014, y diputado entre 2012 y 2017.

El alcance real de este tipo de denuncias puede ser muy corto, puesto que es habitual que estas personas se beneficien de apoyos bien anclados en el sistema capitalista, patriarcal, racial. Sin embargo, tienen el mérito de que cuestionan su impunidad total y que hacen despertar conciencias. Aquí el *call out* se define como una denuncia pública nominativa que busca interpelar a la esfera mediática, a menudo en los casos en los que la justicia se demuestra impotente. Este tipo de procedimientos sólo puede ser beneficioso en dos situaciones: cuando el objetivo es un individuo que ostenta poder suficiente como para poder escapar de la justicia o en el caso de una persona reincidente con la que se han tomado ya medidas sin éxito. Las razones para realizar el *call out* a una persona que nos ha herido (violencias físicas, sexuales o psicológicas) son muchas y comprensibles. En primer lugar, porque, por lo general, la gente no quiere escuchar hablar de las violencias sufridas: cuando no se sabe qué hacer, cómo reaccionar, qué decir, es más sencillo no escuchar. El *call out* puede ser una forma de recuperar una voz usurpada y de usarla con la fuerza suficiente como para que no se reduzca (una vez más) al silencio. Además, en muchas ocasiones, no sabemos a quién recurrir cuando tomamos conciencia de un hecho de violencia experimentado: un *call out* en internet o en los medios de comunicación puede ser una fuente de apoyos, y tal vez salvar vidas.

Pero ¿y después? A menudo las personas que impulsan y que transmiten el *call out* no suelen plantearse las preguntas que vienen a continuación: ¿cuál es su objetivo a corto, medio y largo plazo? ¿Cómo nos encargamos de la persona que está en el origen del *call out*? ¿Qué va a pasar con la persona *call outed*? El *call out*, en el camino abierto por el #MeToo, ha sido percibido como el dispositivo feminista por excelencia[41]. Rápidamente, difundir estas publicaciones se ha impuesto como

---

[41] Sobre los límites del #MeToo en lo que se refiere a las minorías de género y a las personas racializadas: Maïc, «#MeToo #maispaspourtouTEs», *Lignes de crêtes*, 2019, disponible en [lignes-de-cretes.org].

la mejor manifestación de apoyo a las víctimas. El *call out* puede también servir perfectamente para denunciar tanto un error léxico como las violencias físicas o sexuales. ¿Cómo concebir que se emplee la misma herramienta para esa diversidad de actos, que se movilice el mismo número de internautas y que se usen las mismas varas de medir (la humillación de ser denunciadx pública y nominativamente, el potencial acoso colectivo, la presión para obtener confesiones, etc.)? Nos llueven los *call outs* referentes a acciones difusas, denunciando a personas por haber «depredado», «manipulado», «abusado», sin que, a menudo, se trate de hechos precisos. Este método, que en origen se utilizaba como reemplazo de una justicia fallida que no se hacía cargo de las agresiones sexuales y las violaciones, hoy en día tiende a aplicarse a todo tipo de perjuicios, incluso cuando sus niveles de gravedad y de violencia no son comparables a una violación. Por ejemplo, he tenido la ocasión de ver un *call out* que denunciaba a una persona *queer* que engañaba casi sistemáticamente a sus parejas. Indagando un poco, he entendido que nada había sido establecido de antemano y que ni siquiera nadie había intentado hablar con la persona. Un procedimiento así plantea muchas preguntas sobre la clasificación de las violencias (en función del hecho cometido, del contexto y de las personas implicadas) y sobre la proporcionalidad de nuestras respuestas.

Me parece que un *call out* debería ser el último recurso y que se debería usar principalmente cuando existe una enorme disparidad de poder entre la persona víctima y la autora de la violencia. Con el término «poder» me refiero a la acumulación de un capital social, cultural o incluso financiero[42] que le

---

[42] *Capital social:* conjunto de recursos procedente de un tejido de relaciones que puede movilizar a individuos o familias. *Capital cultural:* conjunto de recursos culturales de una persona (diplomas, nivel de estudios, dominio de un determinado vocabulario o normas sociales, etc.). *Capital financiero:* conjunto de recursos monetarios del individuo, incluyendo su patrimonio invertido y su dinero una vez deducidas sus deudas.

permita zafarse de cualquier otro proceso de justicia. Utilizar el *call out* para denunciar a una persona con la que otro tipo de soluciones habría podido ser igual de eficaz, cuando no más, tiene varias consecuencias negativas. En primer lugar, nos hace perder energía colectivamente. En internet, este tipo de denuncia nominativa y pública equivale a movilizar a cientos, incluso miles de internautas sin que se pueda controlar quién se va a apoderar de esa información ni qué va a hacer con ella en su (nuestro) nombre. Además, colgar nuestros conflictos en las redes sociales constituye una mina de información para lxs infiltradxs internxs y para la policía[43].

Los fines que persiguen las personas que escriben o que difunden los *call outs* concuerdan a menudo con los de las penas judiciales, especialmente la expiación y la prevención[44]. La expiación, porque el *call out* se presenta a veces como la ocasión de disculparse y asumir responsabilidades por los hechos cometidos; la prevención, porque permitiría alertar a otrxs sobre la peligrosidad de una persona y proteger a la comunidad mediante su ostracismo. En el marco de mi trabajo, he podido observar que, en la mayoría de los casos, el *call out* no favorece ni lo primero ni lo segundo. Nombrar públicamente a personas asociándolas a actos socialmente reprobables no les deja otra elección que defenderse (excepto en determinados entornos en los que las personas se encuentran con la situación de tener incluso que asumir actos que no han cometido) y de enfrentarse a las repercusiones del *call out*, más que de cuestionar sus actos. Incluso en términos de prevención, su eficacia es limitada: el *call out* no permite proteger a otrxs de manera sistemática, puesto que la persona puede limitarse a cambiar de círculos. Determinados grupos que divulgan los

---

[43] Sobre este tema, véase el Instagram @lepetitnicallout, «Les conséquences judiciaires de nos dénonciations», mayo de 2023.

[44] La expiación o la enmienda, la prevención o la rehabilitación, se suelen asociar a las funciones de las condenas judiciales y penales, véase M. van de Kerchove, «Les fonctions de la sanction pénale», en *Entre droit et philosophie*, 7, 127, 2005, pp. 22-31.

call outs afirman que estos impiden que las personas denunciadas hagan daño de nuevo. Sin embargo, nada permite garantizarlo, sea cual sea la extensión de la divulgación de la denuncia. En fin, las repercusiones de los *call outs* masivos sobre las estructuras de dominación y de poder son, en último término, prácticamente nulas. ¿Cuáles han sido las consecuencias del #MeToo sobre la consideración concreta de las violencias sexistas y sexuales? El balance de esta ola de denuncias es moderado[45], pero podemos afirmar que nada ha cambiado en el nivel del presupuesto del Ministerio de Justicia[46] ni con respecto al número de violaciones que han llevado a condenas penales[47] (aunque el número de denuncias haya aumentado y la recepción de las víctimas haya mejorado visiblemente)[48].

El *call out* se aprovecha, pues, de los mecanismos de la justicia penal: después de su emisión, el colectivo se concentra esencialmente sobre el castigo, utilizando recursos como la humillación pública y despojando a las personas de su historia (tanto a las víctimas como a lxs autorxs de la violencia). Esto supone una dificultad importante: la persona que está en el origen del *call out*, una vez que su denuncia se ha hecho pública, se ve más o menos apartada del proceso, sin que *a priori* se haga nadie cargo de ella, de la misma forma que el sistema

---

[45] Sobre este tema, véanse A. Press, «#MeToo doit éviter le féminisme carcéral», *Paris Luttes info*, 2019, disponible en [paris-luttes. info]; Maïc, «#MeToo #maispaspourtouTEs», cit.; y L. Bastide, «Épisode 107 – #MeToo: Le Bilan», *La Poudre*, 2022.

[46] Sobre este tema, véanse N. Ferroni, «Justice malade… pourquoi?», 2021, disponible en [youtube.com]; y M. Turchi, *Faute de preuves*, París, Seuil, 2021.

[47] Véanse Observatoire National des Violences Faites aux Femmes, «Lettre n.º 17: les violences au sein du couple et les violences sexuelles en 2020», *Arrêtons les violences*, 2021, disponible en [arretonslesviolences.gouv.fr]; y C. Quevrain, «Est-ce que "seulement 1% des viols sont condamnés", comme l'affirme Sandrine Rousseau?», *TF1 Info*, mayo de 2022, disponible en [tf1info.fr].

[48] Véase SSMSI, *Insécurité et délinquance en 2019: bilan statistique*, Ministère de l'Intérieur et des Outre-Mer, 2019, pp. 70-72, disponible en [interieur.gouv.fr].

penal se concentra en penalizar a un culpable y no en garantizar el bienestar de las víctimas. Muchas veces, las personas que reciben la denuncia piensan que basta con difundirla para apoyar a quien ha escrito el texto. El sufrimiento o la búsqueda de apoyo emocional, psicológico o material pasan a un segundo plano. Esto se convierte en un auténtico problema cuando el *call out*, compartido a gran escala, da una visibilidad a la persona que ha hecho la denuncia y la expone así potencialmente a una determinada violencia (exigencias de justificación, pérdida de apoyos, etc.). Esta dimensión cobra una importancia especial cuando el *call out* critica a una persona conocida o especialmente respaldada. Las consecuencias sobre la persona que ha lanzado el *call out* son entonces casi inevitables y especialmente violentas. En efecto, las personas inferiorizadas que toman la palabra para denunciar violencias que han vivido a menudo sufren descrédito, críticas y humillaciones públicas, sin hablar de la posibilidad de perder el trabajo, las amistades, la vivienda…

Por otro lado, el *call out* favorece las respuestas desmesuradas por parte del colectivo frente a la persona denunciada. Las acciones se llevan a cabo en su mayoría de manera virtual y muchas veces con personas a las que no se conoce directamente, por lo que los mecanismos de deshumanización son mucho más rápidos.

En numerosas ocasiones me han contactado personas que deseaban un *call out* para otrxs (a quienes, que yo sepa, no habían intentado localizar antes). En varias ocasiones, estas personas me escribieron contándome su entusiasmo ante la idea de emprender su «primer *call out*» y solicitaban mi ayuda para que este tuviera «éxito». Esta actitud muestra claramente la ceguera en lo que se refiere a las consecuencias de un *call out* en la vida de una persona. Si esta no dispone de sólidos recursos financieros, relacionales, psicológicos, etc., las repercusiones pueden ser especialmente graves: depresión, pérdida del empleo, empobrecimiento y aislamiento, automutilación, desarrollo de comportamientos de riesgo o de dependencias, suicidios y pulsiones suicidas[49]. Esto implica que sea primordial aprender a adaptar las herramientas a las personas con las que se utilizan. Por ejemplo, el *call out* a una persona que ya ha vivido una situación de acoso equivale a exponerla a una retraumatización potencialmente grave; de la misma manera que lo sería acosar a alguien cuya salud mental no fuera estable.

Cuanto más marginalizada o aislada está una persona, más parece descender el umbral de tolerancia del grupo ante ella, lo que implica un endurecimiento de los comportamientos colectivos hacia esa persona. El límite aceptable de lo que se le inflige va retrocediendo cada vez más y este proceso se acelera aún más si la persona adopta una postura pasiva. Este encadenamiento de acciones cada vez más crueles es testimonio de un mecanismo doble que la psicología social conoce bien: el efecto de hielo y el principio de coherencia. El efecto de hielo[50] explica que la acción misma de tomar parte es lo que motivaría al individuo a adoptar un comportamiento y a perseverar en esa decisión. Ese efecto se empareja con el principio de coherencia: nos esforzamos en que nuestras decisiones sean coherentes entre sí. Dicho de otro modo, cada decisión que tomamos influirá sobre las siguientes, porque actuaremos de forma que estas se armonicen con la primera. Por ejemplo, si yo decido que una persona es mala y que puedo adoptar contra ella una medida punitiva (como un golpe o una burla), entonces las medidas siguientes reforzarán esa decisión. El conjunto de esas decisiones constituye una especie de túnel, y cuanto más tomamos, más importantes son, por un efecto de añadidura. Este tipo de mecanismos psicológicos ofrece una explicación, por ejemplo, al hecho de que lxs jugadorxs puedan terminar por apostarse la casa o de que el acoso grupal pueda degenerar hasta el punto de que unx de sus autorxs

---

[49] Véase especialmente E. M. Holowka, «Pour Alec. Réflexions sur la justice transformative», cit.

[50] K. Lewin, «Group Decision and Social Change», en Newcomb, Hartley (ed.), *Readings in Social Psychology*, Nueva York, Holt, 1947.

acabe por asesinar a la persona acosada. En este estadio, el coste cognitivo de un cuestionamiento de esta primera decisión es tan elevado que hace que sea prácticamente imposible admitir que nos habíamos equivocado. Reconocer que se ha golpeado a una persona que no lo merecía, dejando de lado todas las justificaciones que nos habíamos dado, es algo especialmente difícil. Este gesto implica sobre todo aceptar percibirse como alguien que ha hecho mal a otra persona de manera desproporcionada, incluso injustificada, y a nadie le gusta verse así. Es, sin embargo, más que necesario si queremos repensar colectivamente nuestra relación con la violencia, puesto que es imprescindible que hagamos lo que esté en nuestras manos para ello.

Por otro lado, el *call out* es una interesante tentativa para que pueda entrar en la confrontación víctima-autorx una tercera instancia: el grupo, que se supone que representa los intereses de la víctima. Esta triangulación es primordial en el marco de una justicia no punitiva; sin embargo, hay aún que enmarcarla para sacarla así de un automatismo punitivo. Nos hemos criado en una sociedad que propone el castigo como único medio de rectificar los errores; no sabemos actuar de otra manera. Por eso el *call out* implica tan a menudo olas de acoso. Debemos reforzar la idea de que mostrarse agresivx hacia una persona denunciada como violenta no es justo ni aceptable. Sus actos no nos dan permiso para tratarla como mejor nos parezca. He tenido la oportunidad de hacer acompañamientos a numerosas personas víctimas del *call out*. Las medidas colectivas que se han tomado en su contra, como el acoso, la presión para que abandonara un trabajo, las amenazas para impedir que hablara, etc., eran completamente ilegales. Hay que plantearse una cuestión ética: ¿querer prescindir de la policía y del sistema legal estatal puede implicar también abolir un sistema de derechos humanos individuales? O por el contrario, ¿se trata de conseguir que todo el mundo tenga de manera concreta y efectiva los mismos derechos?

CAPÍTULO IV
Dinámicas colectivas

¿Cómo es posible que las comunidades militantes, estructuradas en una lógica *safe* en torno a ideas como las familias de elección y el apoyo solidario, puedan revelarse tan crueles e intransigentes hacia los miembros que las componen?[1].

DEPENDENCIA INDIVIDUAL, INICIATIVA COLECTIVA

Uno de los mecanismos observados cuando se aborda la relación entre los individuos y el colectivo es la dependencia que estos pueden desarrollar hacia él. Este punto es el que el artículo «¿Qué cultura feminista queremos? Por un nuevo Código feminista»[2] desarrolla bajo el epígrafe «Dependencia afectiva del feminismo». Cuando encontramos una comunidad en la que nos sentimos bien, que teoriza y «da sentido» a los sufrimientos que hemos experimentado, es comprensible que se desarrolle un determinado «apego al feminismo». Aunque aquí se trata de las luchas feministas, sin duda podemos hipotetizar que lo mismo ocurre en las luchas antirracistas, anticapitalistas, anticapacitistas, etc. En sí misma esa dependencia no es nociva si la comunidad en la que se establece funciona de manera saludable; puede, de hecho, favorecer el desarrollo de una actitud colectiva en la persona. Puesto que

---

[1] K. C. Thom, «Pourquoi les communautés queer se déchirent-elles?», cit.
[2] Leïla, «Quelle culture féministe voulons-nous? Pour un nouveau Code féministe», cit.

en ocasiones se constituye como un auténtico oasis para sus miembros, puede ser especialmente difícil separarse del grupo cuando formar parte de él se vuelve una fuente de sufrimiento. Esta situación nos hace más vulnerables y debilita nuestras defensas cuando nos vemos atrapadxs en un conflicto o somos víctimas de un hecho violento en su interior. Encontramos esta dependencia de una u otra forma en todos los colectivos, sobre todo en los vinculados con la producción o con la colectivización de los recursos (alojamiento, dinero, trabajo o incluso salud). Desde las comunidades de vecinos hasta las organizaciones políticas, pasando por las asociaciones de derechos humanos, las mutuas sanitarias, los colectivos en torno a los cuidados, etc., el nivel de dependencia con respecto al grupo puede ser especialmente elevado. Cuando, por ejemplo, un conflicto nos enfrenta con otra persona dentro del mismo hogar, tenemos tendencia a establecer actitudes como la adaptación o la minimización con el fin de que la cohabitación sea posible. Este mecanismo se refuerza si la zona de acción del grupo afecta a temas vitales como la sanidad o el acceso a los papeles. Esto favorece, en este sentido, el hecho de que las personas sobrepasen sus límites para adecuarse al comportamiento del colectivo; por ejemplo, no llevando la cuenta de las horas de trabajo o haciendo cada vez más concesiones en lo que se refiere a los derechos individuales o a la tranquilidad personal.

Es importante visibilizar las dinámicas de grupo que son susceptibles de conducirnos a estos niveles de sometimiento y dependencia[3]. Si no es así, es imposible comprender cómo las personas pueden encontrarse en situaciones en las que pierden el control de su propia vida en beneficio del grupo y en las que, en ocasiones, aceptan insultos o golpes en nombre del colectivo. En mis acompañamientos, he conocido a mu-

---

[3] Sobre este tema, escúchese el pódcast de Élisabeth Feytit, *Méta de Choc*, sobre las derivas sectarias, la influencia *new age* sobre nuestras prácticas cotidianas y la manipulación grupal.

chas personas que habían reconocido públicamente hechos que, sin embargo, estaban prácticamente seguras de no haber cometido. Esta reacción de autoincriminación es una muestra del nivel de dominio que el grupo puede ejercer sobre los individuos. Precisamente porque los entornos militantes son fuentes embriagadoras de empoderamiento individual, el colectivo puede tener tal cantidad de poder sobre sus miembros. A las promesas de los entornos militantes se añaden nuestras proyecciones personales, lo que puede darnos la impresión de que por fin hemos encontrado algo que da sentido a nuestras vidas. Estos aspectos se refuerzan cuando se focalizan sobre personas psicológicamente vulnerables o materialmente precarias. Todo esto puede dar lugar a una situación en la que el interés colectivo prime sobre los intereses personales. El texto de Jo Freeman es, en este sentido, especialmente elocuente:

> Durante toda la primera parte de mi vida, yo he sobrevivido porque nunca les concedí ni a una persona ni a un grupo el derecho de juzgarme. Me reservé ese derecho. Pero las dulces promesas de sororidad del movimiento [feminista] me sedujeron. Pretendía ofrecer un refugio contra los estragos de una sociedad sexista, un lugar en el que serías comprendida. Fue mi necesidad misma del feminismo y de las feministas lo que me hizo vulnerable. Le di al movimiento [feminista] el derecho de juzgarme porque confiaba en él. Y cuando este juzgó que yo no tenía ningún valor, acepté dicho juicio[4].

En muchos relatos de violencia intracomunitaria, los miembros a los que se ha acusado son personas que han militado durante mucho tiempo y que se han implicado muchísimo en sus entornos. Son justamente quienes se ven juzgadxs con más dureza si dan un paso en falso. Cuando ocurre esto, viven es-

---

[4] J. Freeman, «*Trashing*: le côté obscur de la sororité», cit.

pecialmente mal los procesos de acoso grupal y de exclusión, porque la mayoría de sus círculos y de sus recursos proceden de esos mismos entornos. La mayoría de lxs militantes que son objeto de procesos de exclusión o de un *call out* tienen una tendencia a asimilar por completo el juicio moral que el grupo emite sobre ellxs. Una reacción que arraiga aún más en los sentimientos de falta de legitimidad, de síndrome de la impostora o incluso de culpabilidad, bien anclados en las personas inferiorizadas.

A esto se añade una dimensión mucho más material. Los medios militantes y asociativos pueden ser importantes espacios-recursos, en términos de capital social, simbólico (a veces hasta financiero), o incluso para el ascenso profesional. Esta situación tiene como contrapartida repercusiones directas sobre la adopción de posturas individuales, especialmente en un marco de conflictos colectivos. Por ejemplo, si uno de ellos estalla en un alojamiento compartido, la cuestión de poder o no seguir habitando el lugar puede influir en las personas ajenas al conflicto y hacer que estas se inclinen por posicionarse con la mayoría. Tampoco suelen cuestionarse los intereses de los cargos voluntarios en espacios militantes. El reconocimiento social es, por ejemplo, un tema importante, que explica, entre otras cosas, por qué vemos que la gente se aferra a un cargo no remunerado dentro de una asociación en la que ya hace tiempo que no milita. Los conflictos de intereses que pueden surgir potencialmente no deben pasarse por alto[5]. Dentro del marco de la gestión colectiva, suscitar estos debates en los momentos previos a las tomas de decisión en el grupo permite establecer automatismos saludables: pasar el relevo, establecer los límites y anticiparse a las reacciones de cada unx.

---

[5] Sobre este tema, véase Starhawk, *Comment s'organiser? Manuel pour l'action collective*, París, Cambourakis, 2021 [2011].

La respuesta colectiva a un hecho violento con la que más me he encontrado es la exclusión. Es también la respuesta que mejor simboliza, en mi opinión, lo más contraproducente que podemos hacer a la hora de encargarnos de un conflicto. Antes que nada, es importante precisar que, a veces, la exclusión de una persona de su grupo (profesional, social, militante…) es una medida indispensable. Por ejemplo, cuando su presencia pone en peligro de manera reiterada a las personas que la rodean. En este caso, plantear una expulsión puede ser necesario e incluso útil, pero esta decisión debe enmarcarse siempre en el tiempo y en el espacio («no podrás venir a tal y cual lugar, en tal momento durante X días, después de los cuales plantearemos la cuestión de si es necesario renovar esta exclusión durante X días más»). Por otra parte, castigar una actuación mediante una exclusión, a mi entender, es cortar varias posibilidades. En primer lugar, poder echar un ojo y mantener un vínculo con la persona permite evitar que esta perpetúe los actos reprochables; conservar una memoria de las acciones da la posibilidad de actuar de manera diferente si es la primera o la décima vez que las comete y adaptar así el acompañamiento que se le hará.

Pero, sobre todo, excluir a una persona por una determinada actuación nos priva de una potencial transformación colectiva. Los actos individuales se beneficiarían de ser entendidos como los síntomas de mecanismos más amplios, ya sean sociales o colectivos. En psicosociología se habla de «persona síntoma»: la transgresión, el malestar o la mala actuación del individuo desvelan aquello que, en el seno de una organización, es patógeno o nocivo. Por ejemplo, una alta tasa de absentismo laboral puede ser la traducción de una organización deficiente, que no cuida a sus empleadxs. Despedir a la persona absentista suprime una pista mediante la cual podríamos entender qué es lo que no funciona dentro de la empresa. Después de un acto transgresor, el grupo puede reaccionar de dos maneras: se puede polarizar esa negatividad sobre un individuo, al que se le saca del sistema (exclusión), o se pueden entender sus acciones como el síntoma de un problema en la economía del susodicho sistema. En el caso de una agresión sexual dentro de un grupo de amigxs, el hecho de excluir a la persona que ha agredido permite no preguntarse acerca de eso que el grupo ha posibilitado: complacencia ante comportamientos sexistas, valorización de una actitud depredadora, consumo de alcohol desmesurado, falta de escucha sobre los traumas anteriores, etc. La persona excluida ocupa entonces el lugar del chivo expiatorio: el proceso de exclusión permite la supervivencia del grupo, que no tiene así que cuestionarse su propio funcionamiento. Por ejemplo, he observado que alojamientos colectivos o asociaciones de barrio excluían a personas con malestar psicológico, que habían tenido comportamientos violentos contra otros miembros, sin darle una vuelta a su política de acogida. Sin embargo, los episodios de crisis o de violencia de este tipo dicen muchas cosas sobre las capacidades y los límites del grupo a la hora de acoger esta u otra situación/persona. La exclusión debería ser una de las últimas opciones. Aunque a veces es inevitable, debería siempre estar acompañada de una reflexión profunda sobre el grupo y su sistema.

¿Cómo entender el espíritu punitivo que se expresa en los espacios llamados a sí mismos abolicionistas y progresistas? Los capítulos precedentes han bosquejado un conato de respuesta a esta pregunta. El giro neoliberal ha influido sobre las luchas progresistas, en concreto sobre las feministas y *queer*. Estas últimas habían sido hasta ese momento una potente fuerza contestataria, especialmente ante las violencias machistas y sexuales, pero también por su capacidad de poner en cuestión el sistema capitalista, patriarcal y poscolonial. Las luchas tradicionales feministas y *queer* han visto cómo sus reivindicaciones se desplazaban hacia perspectivas integracionistas, como por ejemplo respecto del matrimonio y la reproducción asistida, mientras que las lesbianas de la década de 1970 luchaban contra las instituciones patriarcales del matrimonio y la familia. Es también en esta época cuando las feministas han adoptado un giro carcelario, apoyándose cada vez más en el Estado, el sistema penal o incluso la policía para enfrentarse a las violencias que ellas denunciaban[6]. Aunque en general se suelen señalar los inconvenientes de una orientación así, el feminismo hegemónico sigue hoy atrapado en un callejón sin salida en el que espera cosas de las instituciones, lo que concuerda con la idea de una «política de las demandas»[7]. Ya sea militando por un reconocimiento de su opresión por parte de las clases dominantes, porque las personas acomodadas reconozcan sus privilegios, por la toma en consideración de las violencias sistémicas por parte del Estado y del sistema penal, todo es un continuo: se diría que las clases oprimidas le entregan las llaves de su emancipación al poder. El deseo de libertad así como la confianza en sus propias fuerzas y las del colectivo desaparecen poco a poco detrás de una aspiración política que se limita a la emancipación individual, al simple reconocimiento de nuestras identidades y de las opresiones que sufrimos. Asimismo, el sentimiento de estar bloqueadxs detrás de su estandarte se acentúa por la distancia entre las apariencias (nuestra sobrerrepresentación en las redes sociales y en las campañas publicitarias) y la realidad (nuestra infrarrepresentación en las esferas política y económica, donde se toman las decisiones). Nuestra frustración aumenta. Wendy Brown lo ha bautizado con el término «resentimiento»[8], una «revancha moralizante [...] que intenta entender el sufrimiento como una virtud so-

---

[6] J. Bérard, «Dénoncer et (ne pas) punir les violences sexuelles? Luttes féministes et critiques de la répression en France de mai 68 au début des années 1980», cit.

[7] Chi-Chi Shi, «La souffrance individuelle (et collective) est-elle un critère politique?», cit.

[8] W. Brown, *op. cit.*

cial y la fuerza y el privilegio como algo inmoral»[9]. En este sentido, el resentimiento «produce una emoción (rabia, indignación moral) que ahoga el dolor; produce un culpable que es responsable del dolor; y produce un lugar de revancha para desplazar el dolor (un lugar donde infligir ese dolor del mismo modo que lo ha sufrido la persona herida)»[10].

Según esta lectura, se comprende fácilmente que hayan surgido prácticas punitivas, calcadas sobre un modelo carcelario-penal y neoliberal. Estas prácticas traducen una tentativa de recuperar el poder, impulsada por ese resentimiento. Es la componenda que se ha podido alcanzar entre una postura abolicionista y un enfoque neoliberal de las luchas progresistas. Ese feminismo (o progresismo) punitivo, pariente pobre de las posturas carcelarias, utiliza sus propios espacios de lucha como «lugar de revancha». Los castigos que se aplican se emparentan con los que utiliza el sistema penal y judicial: la exclusión social, el aislamiento y el encierro que son consecuencia de un *call out*; el acoso y el encarnizamiento; el *gaslighting* y la manipulación de los hechos; las presiones físicas o psicológicas. Aportamos aquí la idea de Foucault según la cual los medios de control y sanción social estatales e institucionales son más poderosos que nunca: antaño reservados al sistema penal-carcelario, hoy son adoptados por los propios miembros de la sociedad civil[11]. Todos estos castigos revelan un malestar ante el conflicto, ante los desacuerdos, incluso ante la violencia de otra persona (o de nuestra propia violencia). La reificación de las identidades de «víctima» y «agresorx» en los entornos progresistas[12] muestra esta dificultad

---

[9] Chi-Chi Shi, «La souffrance individuelle (et collective) est-elle un critère politique?», cit.

[10] W. Brown, *op. cit.*, p. 68.

[11] M. Foucault, *op. cit.*

[12] Sobre este tema, véanse Mathias, Maïc, Kira, Flo y Gaël, «Féminisme du ressenti, le féminisme au pays des bisounours: violence du ressenti, ressenti de la violence», *Paranormal tabou*, 2012, disponible en [paranormaltabou.wordpress.com]; y también S. Schulman, *op. cit.*

para aprehender los conflictos. Necesitamos una política dinámica del conflicto que se apoye en unas comunidades conscientes de sí mismas y de su fuerza; es la mejor oportunidad que tenemos para extirpar esas prácticas perniciosas.

CAPÍTULO V
Hacer justicia

Estos procedimientos de «justicia punitiva» denotan una voluntad colectiva de apoderarse de los conflictos y de la violencia que atraviesan nuestros grupos y nuestra sociedad. Aunque la podamos criticar bajo numerosos aspectos, sigue siendo una forma de justicia en sí (es, de hecho, la que predomina socialmente). La justicia punitiva se inscribe dentro de lo que yo denomino «justicia intracomunitaria», es decir, el conjunto de respuestas colectivas e individuales concretas que señalan una actuación como no aceptable. Yo participaba en los procesos de justicia intracomunitaria cuando empecé a estudiar los funcionamientos colectivos frente a las violencias que atravesaban nuestros espacios. Este concepto, tal como yo lo utilizo, no remite a una justicia prescriptiva, sino descriptiva. La justicia intracomunitaria es una justicia sobre el terreno: el conjunto de respuestas ante una violencia o ante un conflicto en el seno de una misma comunidad, ya sean punitivas, transformadoras o restauradoras[1].

La justicia intracomunitaria y la justicia transformadora se diferencian, en mi opinión, en el enfoque político de quienes

---

[1] La justicia restaurativa entiende la infracción como una violación de las personas y de las relaciones, lo que crea una obligación de reparar las cosas. La cuestión principal es: ¿cómo se puede reparar este daño? Es una justicia que se centra sobre todo en la pacificación y la reintegración de los individuos más que en el castigo y la condena, aunque algunos programas incluyen momentos en los que se determina un castigo. Para profundizar en esto, véanse el artículo «Justice restaurative» en la web [collectif-fracas.com] o la película de J. Herry, *Je verrai toujours vos visages*, 2023.

hacen justicia. La justicia transformadora conlleva un proyecto para la sociedad y sus miembros. Contiene, en primer lugar, un supuesto: el conflicto o el hecho violento es la oportunidad para que el grupo y los individuos puedan transformarse. Es el momento en el que se aclaran las disfunciones latentes, las normas sociales, y es la oportunidad para trabajarlas y caminar hacia una sociedad más justa e igualitaria. Cuando se emplean las medidas de la justicia transformadora para resolver una situación de violencia, se demuestra una voluntad prescriptiva: transformar la sociedad, pero también a los individuos. Es, por lo tanto, un enfoque político comprometido, donde se desarrolla un proyecto para el otro y para el grupo.

Partiendo de la constatación de que las herramientas de justicia más conocidas son principalmente punitivas, emprendí una búsqueda de teorías y prácticas con un enfoque opuesto. Así fue como llegué a conocer el corpus, en su mayoría estadounidense, de la justicia transformadora. Este descubrimiento fue un punto de inflexión en mi planteamiento de la justicia social y de las relaciones humanas. Los textos que leía revolucionaron la visión de lo que yo podía esperar de los demás y de mí misma. Han alimentado nuevas esperanzas y posibilidades para el horizonte político que yo deseaba que llegara. Mi cultura política me hacía contemplar a los hombres cisgénero y hetero y, en general, a las personas dotadas de privilegios (es decir, las ricas, blancas, normativas, etc.) como amenazas potenciales para una gran parte de la población, lo que acarreaba una violencia intrínseca que había que paralizar y contrarrestar. Sin duda, una gran parte de la sociedad se beneficia de un cierto grado de impunidad, que ha sido organizada e institucionalizada a lo largo de los siglos por el capitalismo y el colonialismo. Cuando asumo las violencias y los conflictos, esto siempre es el telón de fondo. Castigar a alguien por sus acciones es algo que a menudo aporta un consuelo al grupo en el que esta persona se movía. Evidentemente, entiendo esa necesidad y esa manera de responder; pero, a la larga, lo que deseo para todo el mundo es una transformación profunda de nuestras relaciones interpersonales y sociales, gracias a la cual las violencias ya no se organizarán y estructurarán para debilitar a sectores enteros de la población. La gestión del conflicto y de la violencia es una de las puertas de entrada para que hoy podamos hacer que esas relaciones sean más equitativas para todas las personas. Esto no quiere decir que yo pretenda la abolición de la violencia, porque creo que es inherente a nuestras sociedades y a nuestras relaciones; pero creo que llegaremos a un umbral aceptable el día en el que todo el mundo vea sus acciones juzgadas de la misma manera y con el mismo nivel de complacencia o de severidad, sin importar su raza, su clase, su género o sus atributos sociales. Para esto debemos abordar un trabajo de profundización de la autonomía y de crítica de las instituciones que hoy componen la justicia, y que son intrínsecamente no igualitarias.

Las iniciativas en las que he tomado parte activa –como Fracas o los proyectos que he llevado a cabo de manera paralela sobre la gestión de conflictos[2]– son pistas que hay que desarrollar entre otras muchas. Yo intervengo en calidad de tercera parte externa: sé perfectamente que esto no se corresponde con la experiencia vivida de la mayoría de las personas que han tenido que hacerse cargo de conflictos y de violencias. A menudo nos vemos metiendo las manos en el fango de la justicia autónoma e intracomunitaria porque una persona cercana ha cometido o ha sufrido un acto reprochable y no podemos resignarnos a abandonarla a su suerte, a los engranajes de una justicia institucional. Sin duda, no habría acogido de la misma manera las historias de las que me informaron si hubiera tenido un vínculo cercano con las personas implicadas. Esto me habría suscitado a menudo muchas preguntas que no tenía necesidad de plantearme porque no ocupaba ese lugar. Aunque ahora, en este capítulo, me centre en los obs-

---

[2] Por ejemplo, interviniendo con la red de socioanálisis, llevando a cabo talleres con los grupos locales…

táculos con los que me he encontrado en cuanto tercera parte externa, se pueden localizar en internet numerosos relatos de personas cercanas[3].

Aunque una práctica de justicia abolicionista que se apoye en comunidades sólidas es una de las pistas más prometedoras que yo haya podido localizar y elaborar, se trata también de reconocer que, por el momento, carecemos de medios y de estructuras para aplicarla a gran escala. Imaginar una justicia abolicionista va de la mano del hecho de pensar un mundo no capitalista, en el que cada cual tendrá el tiempo y la energía para consagrarlos a su lugar de vida y a su comunidad. Es necesario abordar los límites materiales. En la actualidad, concretamente este trabajo no puede ser llevado a cabo más que por un puñado de personas, a menos que el coste lo asuma la comunidad concernida –que, como ya hemos dicho, no siempre está en situación de poder llevar a cabo este tipo de trabajo–. Pensar en una autonomía total de la comunidad sobre estas cuestiones requiere, entonces, plantearse un horizonte que no ha llegado, pero hacia el que tendemos.

He tenido también la oportunidad de encontrarme obstáculos en esta práctica, problemas para los que aún hoy no he podido encontrar la solución. Por ejemplo: ¿cómo hacerse cargo de las personas autoras de violencia que no admiten del todo sus actos?[4]. En estos casos en concreto, he tenido muchas dificultades, en efecto, para hacer cualquier cosa. Para no usar ni el castigo ni la coerción para convencer a una per-

---

[3] Sobre este tema, véanse, por ejemplo, los relatos recogidos (en inglés) por Creative Intervention en su web, en la sección STOP (StoryTelling & Organizing Project) [creative-interventions.org]; y el relato de un proceso de justicia transformadora con posterioridad a una agresión sexual en el seno de Black Youth Project 100 (EU), en la web de Transforming Harm, «Summary Statement Re: Community Accountability Process», 2017, disponible en [transformharm.tumblr.com].

[4] Hay redes de profesionales de la psicología que trabajan estas cuestiones. Véase especialmente el trabajo de CRIAVS.

sona de que reconozca sus actos se requiere inventar una tercera vía. En mi opinión, la clave está en un cambio generalizado del paradigma social. Aunque la sentencia y el castigo ya no sean las respuestas automáticas ante la confesión de un hecho violento, no se puede contar con que esto dará lugar a reacciones no defensivas. Es posible que un grupo de personas se obceque en la negación y la justificación, pero podemos apostar a que su número será pequeño (en comparación con las personas encarceladas que se preguntan qué es lo que han hecho).

He podido constatar que era imposible que Fracas pusiera en marcha procesos de justicia transformadora o abolicionista en paralelo a un proceso judicial o penal. Cada vez que lo hemos intentado, nuestra tentativa ha fallado, porque el presentar la denuncia o el proceso mismo del juicio influían en las percepciones de ambas partes y las volvían dicotómicas (postura de defensa o de ataque). Aunque nuestro objetivo es que las personas tomen conciencia de sus actos y de las repercusiones de estos, ello se vuelve imposible por la intromisión de lxs abogadxs. Cuando se trata de establecer con la víctima las alternativas al castigo, el gesto de presentar una denuncia viene a negar sus opciones. La justicia transformadora o la intracomunitaria incorporan matices, pero esta perspectiva se cierra si prevalece una versión de los hechos que hay que defender a cualquier precio, con el riesgo de verse si no en la cárcel o de que la magistratura no te crea. Aquí reside el dilema esencial de una justicia transformadora que se desarrolla en un contexto social de justicia punitiva. Ambas no pueden, en mi opinión, coexistir, ni en la escala de la sociedad, con la existencia de instituciones punitivas, ni en la escala comunitaria, con la adopción de medidas punitivas. Las comunidades militantes sufren hoy un efecto bumerán por haber empleado los instrumentos de la justicia punitiva. Las tensiones entre los grupos y entre las asociaciones, de la misma manera que las dificultades para llevar a cabo luchas comunes federadas, así lo demuestran.

> No puede haber política sin conflicto. De la conflictividad buscada nace la potencia colectiva.
>
> CASG

Los espacios militantes, de la misma forma que el resto de la sociedad, son «penal-dependientes»[5]: ya no sabemos encontrar soluciones a un conflicto[6] sin recurrir al sistema penal. Esta dependencia es fruto de una captación estatal e institucional de los conflictos civiles, pero también de la pérdida de nuestros conocimientos para aportarles respuestas. Pensar una justicia abolicionista supone, en primer lugar, darse cuenta de la riqueza y de la oportunidad que representan los conflictos. Solamente en ese supuesto es posible comprender por qué nos los han expropiado y por qué tanto a la sociedad civil como a los espacios militantes les interesa reapropiárselos.

La gestión legal del conflicto y de la violencia es un mercado muy lucrativo que genera cada año miles de millones del complejo industrial-carcelario[7], de los honorarios de abogadxs, pasando por las multas, el armamento de las fuerzas del orden, etc. Conservar el monopolio de esta gestión en el nivel institucional permite también un mejor control de las poblaciones. Aunque la cárcel y la policía actuales sean instancias cuyas for-

---

[5] R. Morris, «Two Kinds of Victims: Meeting their Needs», *Journal of Prisoners on Prisons*, 1998, 9, 2, pp. 93-98, Pauline Picot (trad. fr.) en G. Ricordeau, *Crimes et peines, penser l'abolitionnisme pénal*, Caen, Grevis, 2021, p. 162.

[6] Empleo a lo largo de este capítulo el término *conflicto* en su acepción más amplia, para designar cualquier confrontación u oposición entre varios individuos.

[7] A. Davis, *Une lutte sans trêve*, París, La Fabrique, 2016 [ed. org.: *Freedom Is a Constant Struggle: Ferguson, Palestine and the Foundations of a Movement*, Haymarket Books, 2016; ed. cast.: *La libertad es una batalla constante. Ferguson, Palestina y los cimientos de un movimiento*, Ethel Odriozola, Alejandro Reyes y Luz Gómez (trad.), Madrid, Capitán Swing, 2017].

mas y costumbres sean recientes[8], el Estado francés, a través de sus sucesivos Gobiernos, ha logrado imponerlas como una evidencia atemporal y omnipotente. A su vez, los numerosos actores del complejo industrial-carcelario (entre ellos el Estado) operan para convencernos de que somos incapaces de hacernos cargo de nuestros propios conflictos sin pasar por su intermediación. Esta política funciona a partir de la llegada del capitalismo, que, en paralelo a la uniformización del derecho y de las leyes a partir del siglo XVIII, se ha dedicado a descomunitarizar y a centralizar la gestión de los conflictos. En «¿A quién pertenecen los conflictos?»[9], Nils Christie cuestiona dos factores: la segmentación de los espacios comunitarios y la de los grupos humanos en función de sus atributos sociales. La sociedad capitalista ha llevado a su paroxismo la fragmentación espacial: cada día atravesamos espacios herméticos entre sí y nos cruzamos con grupos de individuos que no se conocen entre ellos. Conocemos a nuestrxs compañerxs de trabajo, a nuestrxs vecinxs, a la panadera, únicamente en cuanto a «sus funciones» y no como «personas en su complejidad»[10]. Esto limita en buena medida la comprensión de lxs demás, puesto que no conocemos los aspectos diversos de su vida, lo que nos lleva a hacer muchísimas proyecciones. La segmentación en función de los atributos sociales se basa en una sociedad de clases en la que los individuos se dividen, según sus características sociales, en categorías casi impermeables. Los vínculos sociales se aflojan o se rompen, lo que implica un fenómeno de «despersonalización de la vida social»[11], en la que los individuos se vuelven intercambiables y, en cierto sentido, «desechables». Una muestra flagrante de estas segmentaciones pue-

---

[8] Sobre este tema, véase Coll., *Défaire la police*, París, Divergences, 2021.

[9] N. Christie, «Conflicts as property», *The British Journal of Criminology*, 1977, 17, 1, pp. 1-15, Pauline Picot (trad. fr.) en Ricordeau, G., *op. cit.*, pp. 43-82.

[10] *Ibid.*, p. 55.

[11] *Ibid.*, p. 57.

de verse en las redes sociales: cada individuo se reduce a un «perfil» y a su rastro virtual, más allá de eso todo sigue siendo una abstracción con la que es difícil empatizar. Por lo tanto, cuando estalla un conflicto, no tenemos los medios para comprender ni el comportamiento ni las motivaciones de la otra persona. Esto nos puede dar la impresión de estar desposeídxs. Nos inclinaremos entonces a librarnos de ese conflicto, bien sea rehuyéndolo o cediendo su gestión a lxs «profesionales», es decir, a la policía, a lxs abogadxs, a lxs jueces y juezas. Sin embargo, en la vida cotidiana sí nos hacemos cargo de los conflictos. Por ejemplo, en el caso de una familia en la que dos miembros no se hablan y un tercero trata de restablecer el diálogo hablando primero con uno y luego con el otro. O incluso cuando llamamos al timbre de la casa de al lado porque tiene la música demasiado alta. En cuanto tomamos la decisión de abrir un diálogo en un momento de tensión, practicamos el conflicto. Es primordial tener a mano estas respuestas a los conflictos y reconocer nuestras capacidades colectivas para hacerlo.

EL VALOR DE LAS CRISIS

La mayoría de las veces se aborda el conflicto como un momento desagradable que debe desaparecer para volver a una situación de calma. Puede que nos quedemos petrificadxs de angustia cuando se trata de responder a una crítica, a la cólera o a la tristeza de otra persona[12]: «La conflictividad se entiende así como una disfunción improductiva, y no como una disfunción que produce rupturas y anuncia novedades»[13]. Sin embargo, es una parte fundamental de nuestra vida cotidiana y de la de nuestros colectivos. El conflicto saca a la luz las tensiones subyacentes que se acumulan, así como las normas que rigen nuestras sociedades. Cuando no hay un con-

---

12 Sobre este tema, véase S. Schulman, *op. cit.*
13 CASQ, «Queer influence: le management de l'innocence», cit.

flicto explícito en un grupo, este suele estar subyacente: las fuerzas que operan ahí aún no han podido confrontarse y una de ellas ocupa un lugar demasiado prominente como para que el resto se pueda expresar[14]. No hay nada como una discusión para que salgan a la luz las reglas implícitas que rigen el colectivo. Esto permite ver a quién se le va a escuchar más, quién va a tomar partido por quién, según qué criterios, quién decide que un incidente está cerrado, etc. El conflicto es, por lo tanto, una mina de informaciones para comprender las estructuras de poder de un grupo y la manera en la que los individuos interaccionan en su interior.

En toda constitución de un colectivo es posible distinguir tres etapas que pueden ayudar a entender por qué el conflicto es inherente a toda organización. La primera etapa es la «luna de miel»: el grupo debe inventarse como tal, crea y favorece valores comunes, una identidad (la creación de un «nosotrxs»); es el momento de la construcción de un imaginario común que pueda unir a individuos que, en su origen, no tienen nada que ver entre sí. Se viven después las etapas de salida de este periodo[15], en las que el grupo confronta la adversidad del mundo exterior y toma conciencia de que ese «nosotrxs» no era, en último término, tan homogéneo y coherente como creíamos. Nacen las tensiones y los disensos. Si el colectivo sobrevive a esta fase de crisis, llega entonces el trabajo de aceptación y maduración. Los miembros desarrollan más o menos afinidad entre sí, pero pueden coexistir a pesar de los desacuerdos y los enfados. El «nosotrxs» y la fusión de los primeros momentos son necesarios para suscitar la implicación y el deseo, pero la crisis es también necesaria frente a la alteridad inherente que compone todo grupo de individuos. En este sentido, se pueden diferenciar dos estrategias cuya efica-

---

[14] P. Ville y Ch. Gilon, *Manuel de socianalyse*, Ploumilliau, Réveiller les loups, 2019.
[15] Lo que Didier Anzieu denomina *ilusión grupal*, véase D. Anzieu y J.-Y. Martin, *op. cit.*, pp. 321-322.

cia a corto y largo plazo difiere: polarizar la negatividad y las dificultades del grupo sobre una o varias personas, o entender cuál es el problema en el seno de la organización y tratar de transformar sus mecanismos. La primera opción permite aplacar instantáneamente la crisis a corto plazo. Por el contrario, comprender lo que el conflicto revela sobre las disfunciones y las normas colectivas necesita un trabajo de fondo, pero cuya solución será permanente.

LOS CONFLICTOS Y LAS EMOCIONES

Trabajar nuestra relación con el conflicto implica trabajar nuestra relación con las emociones. Aprender a hacer frente a la cólera, el miedo, la tristeza, la alegría y el desagrado es una condición *sine qua non* del abolicionismo penal. El sistema penal empobrece nuestras opciones de respuesta a la violencia, nos vuelve pasivxs ante una de las dos únicas vías que nos propone: el castigo o la redención. Por un lado, a las víctimas se les exige querer el castigo, y por otro, se espera de lxs acusadxs que demuestren su inocencia o sus remordimientos. El sistema judicial es especialmente prescriptivo: nos dice qué debemos pensar de nuestras propias historias, qué tenemos que decir y qué desenlace podemos esperar. Lxs abogadxs, o incluso la policía, determinan qué hechos y qué emociones son admisibles y pertinentes. El abolicionista Nils Christie habla, haciendo referencia a los juicios penales, de «esos tristes momentos de verdad durante los que nuestrxs abogadxs nos dicen que nuestros mejores argumentos en nuestro conflicto con nuestrxs vecinxs no tienen absolutamente ningún valor legal y que, por lo que más queramos, sería mejor que nos calláramos durante las sesiones. Ellxs elegirán en nuestro lugar argumentos que nosotrxs podríamos encontrar poco pertinentes, incluso inmorales»[16].

---

[16] N. Christie, «Conflicts as property», cit., en G. Ricordeau, *op. cit.*

Reapropiarnos de nuestros conflictos significa recuperar el control sobre nuestros sentimientos y nuestra manera de relatarlos. Después de un hecho violento, podemos sentir cólera y buscar venganza, pero también tristeza, pánico, lástima, decepción, descorazonamiento. Podemos tener la necesidad de crear un vínculo con la persona que nos ha dañado para poder preguntarle cosas sobre su acción. Podemos querer ayudarla o, por el contrario, no volver a saber de ella en nuestra vida. ¿Cómo podrían responder el sistema penal y el castigo a la diversidad de estas emociones y de estas necesidades? En el marco de un juicio legal, las repercusiones psicológicas vividas por las protagonistas, así como sus sentimientos, pasan a un segundo plano en relación con los hechos. Crear una justicia no punitiva y abolicionista requiere revalorizar estos aspectos y darles una expresión. Los hechos y sus repercusiones no pueden tratarse de manera separada, así como la percepción de una parte no debe excluir la de la otra. Las emociones que se experimentan después de un hecho violento o de un conflicto constituyen una buena base de trabajo para elaborar una respuesta colectiva adaptada. Aprender a expresarlas y a comprender su funcionamiento es, en este sentido, absolutamente necesario[17]. Elaborar y compartir las claves elementales de análisis permitiría desescalar no pocas situaciones de conflicto. Por ejemplo, saber que una emoción puede ser el síntoma de una necesidad que no ha sido respetada permite buscar cómo responder a dicha necesidad proponiendo soluciones concretas. Expresado de otra manera: no se puede desarrollar una política del conflicto sin desarrollar una cultura de las emociones.

Las razones para prescindir de lxs profesionales del conflicto son numerosas, pero la principal reside en la idea de que nosotrxs tenemos la creatividad y los recursos para hacerlo (mejor). A fuerza de escuchar y acompañar en estas situacio-

_____

[17] Sobre este tema, véanse los tres volúmenes de Art-mella, *Émotions. Enquête et mode d'emploi*, Cholet, Pourpenser, 2019-2020.

nes, se desarrollará una cultura común del conflicto, así como nuestras capacidades de adelantarnos y superarlo. La condición *sine qua non* para conseguir hacerse cargo del conflicto de manera colectiva y no punitiva es la puesta en común de saberes y experiencias ligados al conflicto, así como el refuerzo de nuestras capacidades de debatir y comunicar. Eso implica superar el imaginario del colectivo como limitación fundamental[18] para avanzar hacia la percepción de una comunidad garante de nuestros vínculos de solidaridad y respeto de nuestra integridad individual.

---

[18] Superar el imaginario del colectivo como limitación no quiere decir que no podamos marcar límites que sean justiciables, explícitos y evolutivos.

CAPÍTULO VI
Por una justicia transformadora

LA APUESTA ABOLICIONISTA

El término «justicia transformadora» fue acuñado en la década de 1990 por la militante norteamericana abolicionista y cuáquera[1] Ruth Morris[2]. Enseguida lo adoptan los movimientos políticos, especialmente antirracistas, feministas y *queer* en Estados Unidos, para responder a las violencias machistas y sexuales intrafamiliares. Lo reivindican las comunidades que no pueden o que no quieren llamar a la policía por el riesgo que esto supone de expulsión, de acoso o de violencia policial, o por miedo a la deportación. Se debate y se practica en el seno de comunidades autóctonas, negras, de personas migrantes no blancas, empobrecidas, de personas en situación de vulnerabilidad[3], de trabajado-

---

[1] *Cuáqueros:* miembros de una Iglesia protestante fundada en el siglo XVIII en Inglaterra, que se extendió sobre todo en Holanda y en Estados Unidos, que predicaba en concreto el pacifismo, la filantropía y una gran austeridad de costumbres. Esta corriente se posicionó rápidamente a favor del abolicionismo penal.

[2] R. Morris, *Street People Speak*, Mosaic Press, Oakvillle, 1987; *Crumbling Walls: Why Prisons Fail*, Oakville, Mosaic Press, 1989; *Penal Abolition: The Practical Choice*, Toronto, Canadian Scholars, 1996; *Stories of Transformative Justice*, Toronto, Canadian Scholars, 2000; y *Transcending Trauma*, Ottawa, Winding Trail Press, 2005.

[3] Sobre este tema, véanse P. Berne, *Disability Justice – A Working Draft*, 2015, disponible en [sinsinvalid.org]; P. Munson, «Femora and Fury: on IPV and Disability», en Chen Ching-In, J. Dulani, y L. L. Piepzna-Samarasinha (eds.), *Revolution Starts at Home, Confronting Intimate Violence Within Activist Communities*, Chico, AK Press, 2011; y el trabajo de Mia Mingus, Stacey Milbern, Sebastian Margaret y Eli Clare.

ras sexuales[4], de personas *queer* y trans[5]. Aunque la justicia transformadora había sido concebida para responder a situaciones de violencia extrema –en casos de asesinato[6], de violaciones[7] o de crímenes contra la humanidad[8], o incluso para temas como la justicia climática–, las organizaciones se dedicaron igualmente a pensar en las maneras de hacerla operativa en los conflictos cotidianos en los que se prescinde de la policía (hurtos en escaparates, choques en cadena, problemas de convivencia vecinal, etc.). En este sentido, la justicia transformadora puede definirse como cualquier iniciativa abolicionista que trabaje por la justicia social y que luche contra las discriminaciones devolviendo el poder a las personas directamente afectadas por esas violencias[9].

La justicia transformadora es un conjunto de métodos dispares y sería difícil componer un «manual» que pudiera utilizarse en todas las situaciones. Los relatos de la justicia transformadora son los que, en mi opinión, tienen más eficacia para entender la filosofía y los instrumentos de esta. Uno de los testimonios más ilustrativos es el proceso elaborado

---

[4] Sobre este tema, véanse el trabajo de Sex Workers Advocacy and Resistance Movement (SWARM, Movimiento de Defensa y Resistencia de las Trabajadoras Sexuales), disponible en [swarmcollective.org]; y también el trabajo del Syndicat du Travail Sexuel (STRASS) en el contexto francés, disponible en [strass-syndicat.org].

[5] Sobre este tema, véase el Transgender, Gender-variant and Intersex Justice Project (TGIJP), disponible en [tgijp.org].

[6] Sobre este tema, véase el trabajo de la asociación Murder Victims' Families for Reconciliation (Familiares de Víctimas de Asesinato a Favor de la Reconciliación).

[7] Sobre este tema, véase E. Dixon y Sh. Hasan, «Transformative Justice in the #MeToo Era», 2015, disponible en [everydayfeminism.com].

[8] R. Morris, *op. cit.*

[9] Para más detalles en lo que se refiere a la genealogía y a las iniciativas norteamericanas de justicia transformadora, remitimos al «Anexo 1. Genealogía e iniciativas recientes de justicia transformadora».

en el seno de una comunidad en Estados Unidos[10], el Chrysalis Collective, que se formó como consecuencia de la violación de una joven racializada por parte de un conocido suyo, otro militante local (un hombre cisheterosexual blanco). El colectivo está compuesto por mujeres y personas trans racializadas que tienen experiencia en la justicia reproductiva, en la salud de las personas LGTBQIA+, en la justicia racial, en la justicia de género, en los problemas de la juventud, en los derechos de la migración y en la justicia alimentaria. El objetivo del colectivo es hacerse cargo de la violación desde una perspectiva transformadora; acompañar al autor en un proceso de responsabilización y apoyar a la víctima en un proceso de curación. Para hacer esto, se estableció un plan con diversas etapas, que tenía como directriz los intereses de la víctima y su restablecimiento. Este plan incluía, en primer lugar, la creación de un equipo de apoyo para la superviviente. Después, un equipo de responsabilización en torno al autor de la violación. Luego se definió el vínculo entre los dos equipos y se formularon los objetivos en función de las necesidades de la víctima. Se contactó con el autor y se estableció un seguimiento, con contactos regulares entre los dos equipos. Finalmente, tuvo lugar una evaluación una vez que se lograron los objetivos que se habían fijado. Esta exposición del plan es un resumen drástico del proceso extremadamente complejo y sensible que se puso en marcha. Se articulaba en torno a preguntas que van desde «¿cuáles pueden ser las expectativas de un equipo de responsabilización de este tipo?» hasta «¿cuáles son las necesidades de las supervivientes con respecto a la persona que las ha agredido?», o incluso «¿cómo evitar que el perpetrador minimice sus acciones?». Estas preguntas se acompañaron con reflexiones sobre las posturas

---

[10] The Chrysalis Collective, «Beautiful, Difficult, Powerful. Ending Sexual Assault Through Transformative Justice», en Chen Ching-In, J. Dulani y L. L. Piepzna-Samarasinha, *op. cit.*, pp. 189-205.

de las personas que tomaban parte en este proceso. Una de las grandes dificultades en este tipo de procedimiento es garantizar un esfuerzo y un apoyo constantes a largo plazo, a pesar de los acontecimientos personales que les puedan ocurrir a lxs autorxs. El seguimiento tiene unas consecuencias directas sobre el estado psicológico, incluso físico, del individuo: es primordial adquirir conciencia de nuestra presencia y postura. Preguntarse sobre nuestros límites propios y colectivos, sobre las posturas personales y por nuestro interés en particular en este tipo de procedimientos, es algo esencial[11], porque los obstáculos son numerosos, así como los momentos de duda y cansancio. El relato de Chrysalis Collective termina con estas palabras:

> Cuanto más aprendemos sobre la justicia transformadora, más cuenta nos damos de que se trata de un compromiso profundo que necesita mucha energía y paciencia. Nuestro proceso ha durado casi dos años [...] y hemos pasado momentos muy estresantes.
>
> Sin embargo, la curación y la transformación llegan clara, lenta, regularmente para todas las personas implicadas. Esta experiencia nos ha vinculado a cada unx de nosotrxs de manera inesperada y potente, reafirmando nuestro compromiso colectivo de transformarnos y transformar nuestras comunidades[12].

Este relato nos deja ver con mucha claridad lo que hay de difícil pero también de bello en un proceso de justicia transformadora. Me he reconocido mucho en él. He participado en la exclusión de personas militantes con las que estaba en

---

[11] Sobre este tema, véase K. C. Thom, «Comment aider un·e ami·e qui a eu des comportements abusifs par le passé (et qui a changé depuis)», cit.

[12] Chrysalis Collective, «Beautiful, Difficult, Powerful. Ending Sexual Assault Through Transformative Justice», en Chen Ching-In, J. Dulani y L. L. Piepzna-Samarasinha, *op. cit.*, traducción de la autora, pp. 203-204.

desacuerdo político o simplemente porque no me caían bien, he tomado parte en la propagación de rumores sobre mis pares, y también me he negado a hablar a algunas personas porque juzgaba su comportamiento o lo que ellas representaban. He actuado de ese modo porque pensaba sinceramente tener todo el derecho de hacerlo y de participar así en el castigo de actos que, en mi opinión, eran reprochables; pero en el fondo de todo eso quedaba siempre un lugar para una cierta insatisfacción y para un malestar latente. La primera vez que establecí un proceso de justicia intracomunitaria y que obtuve satisfacción entendí por qué y sentí que eso creaba algo distinto dentro de mí: una esperanza en el otro. Después he atesorado cada momento de profundo bienestar que he sentido tras haber establecido marcos que permitían formular las heridas profundamente sepultadas y escuchar palabras de reconocimiento sincero y de disculpas. He visto cosas que no creía que fueran posibles. Por ejemplo, me han contactado autorxs de violencia que deseaban reconocer y reparar sus actos ante su víctima, o personas que habían propagado un *call out* y que querían compartir su arrepentimiento con su víctima sobre las consecuencias que había tenido y que no habían podido dominar.

Uno de los acompañamientos que más me han marcado tuvo lugar en el seno de un comedor popular en el que se había producido violencia física entre dos voluntarixs[13]. El lugar se encontraba paralizado debido a esa situación, puesto que las dos personas implicadas no querían ni podían verse más. El colectivo nos había contactado para pedirnos ayuda. Yo, en primer lugar, me reuní con la persona que había sido víctima de las violencias físicas. Hablamos un largo rato e hicimos una lista de sus necesidades; entre ellas estaba la de que se pudiera escuchar su versión de los hechos. Posteriormente contacté con la persona autora de los actos de violencia para proponerle una escucha y así entender su visión de las cosas. Después

---

[13] El siguiente relato se ha modificado para proteger el anonimato.

de muchas gestiones de ida y vuelta, finalmente decidimos plantear un encuentro entre las dos, junto a dos acompañantes. A lo largo de los intercambios previos, habíamos preparado el terreno planteando una serie de temas que había que abordar, las recaídas que cada una esperaba o incluso las acciones o palabras que no serían aceptables para ellas. Esto permitió que ambas proyectaran la situación y que se redujera el miedo y la angustia que esta provocaba. Gracias a ese encuentro, la persona que había sido golpeada pudo darse cuenta del sufrimiento que había sentido, así como de las consecuencias persistentes de los golpes recibidos. La otra pudo comprender lo que se le decía y reconoció su responsabilidad. Juntas abordaron las relaciones de dominación que habían posibilitado el recurso a la violencia por parte de una de ellas como forma de ejercer poder sobre la otra. En la reunión siguiente, en la que nosotrxs, la tercera parte externa, estábamos presentes, la persona víctima decidió tomar la palabra ante el grupo para hablar de lo que había vivido y para explicar lo que, en su opinión, había sido problemático en la respuesta del colectivo. En efecto, se habían producido señales que habían presagiado la violencia, especialmente manifestaciones de agresividad por parte de la persona autora, que había insultado a la futura víctima. Después de estos episodios, esta última había intentado hacer entender a sus camaradas lo que había vivido, pero nadie se había hecho cargo de ello realmente. El día en el que tuvo lugar el altercado, la mayoría de los miembros del colectivo estaban ausentes y esto dejó a lxs dos voluntarixs solxs, sin prevención ninguna, en el espacio del comedor. Dicho de otra manera, los golpes podrían haberse evitado si se hubieran reconocido colectivamente las señales previas. La creación de este espacio de diálogo permitió que todos los miembros del colectivo adquirieran conciencia de lo que había ocurrido, pero también que entendieran su parte de responsabilidad en la situación. Se pidieron disculpas y todo el mundo pudo constatar el alivio de la persona víctima, así como del conjunto del grupo (incluyendo a la persona autora). Pudo emerger un diálogo colectivo y varios miembros compartieron los sentimientos de inseguridad que experimentaban cuando frecuentaban el comedor, especialmente ante determinadxs usuarixs. De hecho, eso los había llevado a abandonar el lugar. La persona autora pudo también señalar las disfunciones que, en su opinión, le habían hecho alimentar un sentimiento de impotencia y que habían contribuido a su ira. Expresó igualmente su sentimiento de culpa y su voluntad de buscar ayuda psicológica.

Después de ese momento de análisis colectivo, se creó un protocolo para, en el caso de que se volviera a reproducir este tipo de situaciones, establecer una reacción individual y colectiva; se colgó un calendario formal en el espacio; se revisaron las reglas de acogida para usuarixs y se actualizaron las normas de entrada; finalmente, una parte de los ingresos se reservó para financiar una formación de autodefensa para aquellos miembros del colectivo que sintieran esa necesidad.

A mi entender, uno de los puntos centrales de este acompañamiento fue escuchar lo que tenían que decir todas las partes implicadas, incluyendo a la persona autora de la violencia. Una de las tareas como tercera parte consiste en empatizar con quienes cometen las violencias. Por supuesto que no se les puede pedir a las personas que han sido víctimas de sus acciones que hagan eso mismo. Pero para una tercera parte que no tiene implicación emocional, y que no ha sufrido directamente la acción en sí misma, creo que es la mejor manera de ponerse al servicio de las personas protagonistas y ayudar a resolver la situación. Darse cuenta de que se ha cometido un acto violento y comprender las consecuencias que esto ha tenido sobre la vida de otra persona es un camino largo, muchas veces difícil, doloroso y que no es evidente. Es sin duda por esto por lo que muchas personas prefieren la negación. Los pasos dados tardan después más o menos tiempo y son más o menos grandes. Algunos acompañamientos han permitido a algunas personas reconocer totalmente sus actos, a veces me he encontrado delante de personas que daban marcha atrás por completo tras haber mostrado un inicio de toma de conciencia. Pero estoy convencida de que prestar atención y escuchar a una persona que ha hecho daño a otra reduce el riesgo de reincidencia. Por el contrario, aislarla, reducirla a su acto o infantilizarla buscando el castigo son cosas que, opino, sólo consiguen aumentar el peligro. Hay momentos en los que me ha costado mantener esa postura, pero me ha ayudado siempre a tener claro mi objetivo principal: trabajar a favor de una sociedad más justa y de unas relaciones sociales más sanas.

DEVOLVER LA AGENCIA A LAS COMUNIDADES

En el proceso de apropiación abolicionista de un conflicto o de una violencia, la comunidad (o las terceras personas, el entorno, el grupo, etc.) tiene un papel central. Entiendo aquí el término «comunidad» en un sentido amplio, que a veces se refiere a grupos limitados y de afinidad, pero también a grandes conjuntos de personas que comparten intereses comunes, como, por ejemplo, dentro de una empresa o de un club deportivo. Empleo este concepto para señalar una colectividad, un grupo de personas que comparten un saber y un determinado dominio sobre una situación común. La comunidad puede, en este sentido, ser tanto un pequeño grupo de personas que viven en un espacio limitado como una red asociativa nacional. El Estado y los medios de comunicación no dejan de describir a las agrupaciones de personas inferiorizadas como una emanación de un comunitarismo antidemocrático. La organización comunitaria es, por el contrario, una posibilidad frente al callejón sin salida en el que la sociedad francesa se encuentra a la hora de responsabilizarse de las violencias sistémicas e interindividuales[14]. A diferencia de una justicia uni-

---

[14] No se trata de idealizar la comunidad. Determinadas comunidades no elegidas, de pertenencia o de vida, como la familia, pueden ser opresivas y no emancipadoras.

versalista y ciega con respecto a las relaciones de opresión sistémicas que atraviesan tanto a ella como a la sociedad, una comunidad estructurada permite articular maneras de justicia adaptadas a las problemáticas del grupo que las ha producido y al que le atañen. Interesarse por teorías y prácticas existentes como la justicia transformadora es un primer paso; adquirir una reflexividad y llevar a cabo una crítica constructiva sobre nuestros propios mecanismos es uno más (véanse los capítulos 1 y 2); y en último lugar, se trataría de crear estructuras y de organizarse para posibilitar su aplicación[15].

La comunidad no debe sustraerse de una u otra parte en conflicto, sino más bien cumplir una misión triple: sostener a la persona víctima y acompañar a la persona autora del daño (o a lxs protagonistas); evaluar a su vez su propia evolución mediante el análisis del papel que haya desempeñado en la situación; y a todo ello sumar la responsabilidad que tiene la comunidad en lo que se refiere a la protección de sus miembros y a la prevención de los daños, especialmente en el caso de que una persona cometa violencias de manera reiterada apuntando continuamente a nuevas víctimas. Confrontar a esta persona para adelantarse a sus futuras acciones potenciales es una de las tareas que, en mi opinión, incumbe a su entorno.

Otro de los papeles clave que recaen en el entorno es la temporalización. En el marco de mi trabajo de acompañamiento, todas las personas que me han contactado me escri-

---

[15] Aunque el objeto de este capítulo no sea enseñar a gestionar conflictos o agresiones, se pueden encontrar aquí referencias de manuales que guían paso a paso sobre cómo hacerse cargo de ellos en el seno de un colectivo, véanse: en francés, Starhawk, *op. cit.*; C. Leterme, G. Jeanmart y Th. Müller, *Petit Manuel de discussion politique. Réflexions et pratiques à l'usage des collectifs*, Rennes, Éditions du commun, 2018; y, en inglés (sobre la gestión de las agresiones), «Creative Intervention», *Creative Intervention Toolkit*, 2010, disponible en [creative-interventions.org]; las webs de Critical Resistance y de Bay Area Transformative Justice Collective, y Coll., *Thoughts about Community Support around Intimate Violence*, *Philly's Pissed*, 2008, disponible en [activist-trauma.net].

bían desde la urgencia, tenían la sensación de que, si no actuaban inmediatamente, su situación iba a empeorar de manera dramática. Este temor no es necesariamente infundado, pero esa urgencia es suya y yo sé que, por mi parte, para intervenir de manera adaptada necesito tiempo y dejar que las cosas se desarrollen, una vez que, por supuesto, me hayan asegurado que las personas afectadas están seguras[16]. Mantener este propósito cuando sabemos hasta qué punto cada minuto de cada día es difícil de vivir para estas personas que sufren es especialmente complejo. Por eso no puedo hacer mi trabajo sin la ayuda de agentes profesionales o el sostén del entorno de la persona. Paralelamente, tomarse tiempo para sopesar la situación es una señal de que me la tomo en serio. Este es el consejo que yo les doy a los colectivos que sufren presión para actuar, para apoyar a X o para excluir a Y. Todo colectivo y toda persona tienen el derecho de tomarse su tiempo para hacerse una idea sobre la situación. De hecho, es la mejor manera de lograr llegar a una decisión con la que podamos estar de acuerdo a largo plazo; una decisión que pueda tomarse con la menor influencia posible de la presión grupal.

Las herramientas que se pueden establecer, una vez esté implicado el colectivo, son muy numerosas y diversificadas, más allá del contacto cara a cara entre las personas directamente afectadas. La triangulación entre la comunidad y los protagonistas implica que todos los miembros de la comunidad desarrollen un determinado conocimiento de los mecanismos que operan en el caso de un conflicto o de una agresión[17].

---

[16] Puede ocurrir que haya que hacerse cargo de un conflicto en mitad de una tormenta entre varias personas, a poco que lxs diferentes protagonistas hayan buscado apoyos en paralelo. Una agresión sólo se puede gestionar después de que las personas hayan encontrado seguridad y apoyo psicológico y material para su acompañamiento, con independencia del trabajo relacionado con la persona agresora.

[17] Sobre este tema, véase el capítulo 2, «Se défaire de l'intime: l'État et la production de la violence», en S. Schulman, *op. cit.*, especialmente las secciones «Comprender es más importante que producir

Por ejemplo, cuando una persona le confía a otra cercana la agresión que ha sufrido, la primera reacción con la que se encuentre va a ser determinante: si esa persona se burla o minimiza su relato, eso va a incitarla a callar y a no volver a hablar de ello; si la persona cercana se muestra solidaria, le ayuda a poner palabras a lo que ha vivido y le da pistas sobre cómo continuar, esto le va a permitir buscar los apoyos adecuados. Ayudar a una persona a identificar los hechos (agresión, abuso, conflicto, violación, desacuerdos, acosos…) es uno de los papeles clave del entorno. Por supuesto, esto debe hacerse al ritmo de la persona implicada y no se trata de relatar los hechos en su lugar ni antes de que ella esté preparada para hacerlo[18].

En cuanto a la persona autora de violencia, la reacción de sus seres cercanos será igualmente determinante, tanto en el mismo momento como después: influirá sobre si se detienen o no las violencias, sobre el hecho de que esta persona tome conciencia de sus actos y de sus repercusiones, o sobre su responsabilidad y compromiso en la búsqueda de una reparación.

Ya sea en un sentido o en otro, adherirse por completo a la versión de una persona que haya cometido un acto reprochable o que haya vivido un acontecimiento traumatogénico no es algo que necesariamente le haga un favor. Me he encontrado muchas veces con la situación siguiente: dentro de un grupo, una persona vulnerable (debido a un conflicto o porque atravesaba una situación difícil, etc.) ocupa una posición de poder (es a quien más se escucha, se adoptan sus decisiones, etc.). Esta situación puede derivarse del hecho de que sea unx de lxs fundadorxs del colectivo o de que esté ahí desde hace mucho tiempo, que haya hecho mucho por el grupo o incluso que haya desarrollado allí muchos vínculos de amistad. El

---

una víctima» y «Cuando la comunidad alienta la reacción sobredimensionada».

[18] Sobre este tema, véase M. Ubuntu, «Soutenir un·e survivant·e d'agression sexuelle», *Infokiosques*, 2010, disponible en [infokiosques. net].

grupo tiene una relación de lealtad potente respecto a esa persona, lo que implica que apoya y justifica sus elecciones, se adhiere a sus críticas y sus opiniones, etc. En este caso, cuando esta persona es fuente de sufrimiento para otra, se hace difícil que el resto de los miembros se conciencie de la capacidad de hacer daño de esta. Que los miembros simplemente puedan formular ese sufrimiento pone en tensión su lealtad, lo que puede desencadenar un fuerte sentimiento de culpa. A menudo eso los conduce a ocultar sus propias emociones. Y cuando este tipo de persona se dedica a elaborar denuncias de abuso referidas a otra persona, al grupo le resulta casi imposible adoptar una distancia que en ocasiones es necesaria. Incluso cuando, como he podido observar en varias ocasiones en los entornos *queer*, esta persona denuncia acto seguido a varias personas por diversos abusos más, lo que podría ser quizá el síntoma de un malestar personal general más profundo sobre el que podría ser útil centrarse[19].

La manera en la que yo acompaño a los colectivos abrumados por las denuncias de agresiones en su interior implica tres tipos de acción. En primer lugar, contacto con las personas víctimas para evaluar su estado y sus necesidades; las redirijo en ocasiones hacia profesionales sanitarios o a asociaciones de ayuda a víctimas[20] o colectivos que reúnan a personas que hayan vivido las mismas experiencias. En paralelo, contacto con las personas autoras de la violencia para evaluar igualmente su estado y sus necesidades, y las redirijo hacia profesionales de la salud o a asociaciones intermediarias o círculos de conversación para autorxs de violencia[21]. De estas entrevistas a veces

---

[19] De todos modos, no hay que minimizar aquí el hecho de que sufrir un acontecimiento traumatogénico aumenta las posibilidades de ser posteriormente retraumatizadx por acontecimientos similares.

[20] Véase la web nacional de la Association d'Aide aux Victimes [association-aide-victimes.fr].

[21] Véase especialmente la web de la Fédération Française des Centres Ressources pour les Intervenants Auprès des Auteurs de Violences Sexuelles [ffcriavs.org].

surge la necesidad mutua de comprender y de beneficiarse de un espacio de palabra delimitado, y en ocasiones la de beneficiarse de una división[22] del espacio[23].

Las últimas etapas del acompañamiento consisten en un trabajo con el colectivo para comprender cómo ha sido posible la situación de violencia. El punto central de este trabajo es interrogarse sobre qué es lo que pertenece al orden de la responsabilidad individual de la persona autora de la agresión y qué depende de la responsabilidad colectiva y del entorno. El hecho de dibujar los contornos de la responsabilidad colectiva permite hacer un trabajo a fondo sobre las relaciones de fuerza interindividuales y de dominación estructural en el seno del grupo, así como una reflexión en torno a los instrumentos que hay que implantar para evitar que esto se reproduzca. Si ha podido ocurrir un hecho violento o un conflicto, esto implica que el grupo ha creado las condiciones propicias para que este surja. Estas condiciones tienen que debatirse en colectivo para evitar las reincidencias. Por ejemplo, si ha tenido lugar una agresión sexual entre dos empleadxs en el marco de un encuentro fuera del trabajo, tendríamos todo el derecho a preguntarnos quién ha favorecido materialmente un acto así; ya haya sido por la ausencia de personas referentes que supervisaran la velada, por la falta de sensibilización y comunicación sobre las violencias sexuales anteriores, por una estructura jerárquica en el seno de la empresa que implicase una relación de poder entre dos personas, por una relación estructural de poder que incrementara una relación de dominio interindividual, por una sobrecarga de trabajo que conllevase cansancio y tuviera como consecuencia un aumento del consumo de alcohol

---

[22] *División del espacio:* organización de las visitas o la división de un espacio para evitar que se crucen dos personas.

[23] Respecto a las necesidades de las personas víctimas, véase el texto de R. Morris, «Two Kinds of Victims: Meeting Their Needs», cit.; sobre las de las personas autoras de violencia, véanse el trabajo del fanzine *Le Village*, traducción y maquetación de Clément Charpentier, disponible en [zine-le-village.fr], o la web de CRIAVS (pestaña «Ressources»).

y drogas, etc. Se trata también de estudiar los antecedentes: ¿la persona autora había abusado ya de otra persona dentro de la empresa, en otro lugar?, ¿había acosado a la persona víctima antes de ese encuentro? Después de ese análisis se podrán determinar las responsabilidades de la persona autora, del grupo presente en la velada, de la dirección y de la institución.

La justicia estatal y sus prácticas nos hacen pensar que solamente concurren dos fuerzas (demandante contra demandadx). Muchos colectivos consideran por eso que no tienen ningún poder sobre las situaciones de violencia que se desarrollan en su interior. Pero, sin embargo, son la facción más decisiva. La implicación del colectivo en torno a estos conflictos o hechos de violencia permite establecer herramientas que de otra manera no podrían emplearse.

Por ejemplo, en varias ocasiones he ayudado a que los grupos establezcan divisiones de espacio entre dos personas. Se trata de organizar en el tiempo las visitas a un espacio o establecer en él una división geográfica para evitar que dos personas se crucen. Concretamente, la división del espacio implica una división en términos de calendario («X viene estos días e Y estos otros») o en términos de demarcación («X puede ocupar la planta baja, Y el primer piso»). Se puede organizar por una o varias terceras personas (con turnos para no agotarse), que tienen derecho a intervenir en caso de que no se respeten las decisiones. La presencia de terceros permite también revisar el proceso (con una regularidad que hay que decidir a su inicio) junto con las dos personas implicadas para saber si es necesario renovar la división.

Otra herramienta a la que he recurrido en ocasiones es la creación de grupos de apoyo. Junto con la persona que nos contacta, nosotras redactamos una lista de personas-recursos que ella podría requerir para obtener ayuda[24]. Esto permite

---

[24] Esta técnica de la lista de personas de apoyo se encuentra en el ejercicio del BATJC, véase en [batjc.wordpress.com]: «Pods and Pod Mapping Worksheet».

muchas cosas: sentirse rodeadx, apoyadx en las tareas concretas (salir, hacer actividades al aire libre, las compras, la limpieza, la comida, etc.). Cuando la persona ha sido objeto de difamación o de acoso público, el grupo puede también ayudarla a redactar una carta abierta con su versión de los hechos destinada a su publicación *online*. En mi opinión, lo esencial es detallar con concreción cada tarea para la que se necesita apoyo y fijar un límite en el tiempo para cada una de ellas (que sea posible prolongar). Así el grupo sabe exactamente para qué se requiere su ayuda y por cuánto tiempo. Es igualmente importante prever una supuesta salida para una persona que quiera retirarse (con quién contactar si hace falta encontrar a otra persona que ocupe su lugar, etc.). Este dispositivo permite reducir el riesgo de agotamiento o de una carga mental demasiado grande.

En lo que se refiere a la función preventiva del colectivo, la redacción de protocolos permite cuestionar la relación del grupo con la violencia o con el conflicto. Yo creo que no puede establecerse un protocolo o un estatuto hasta que no se hayan descontracturado las dinámicas específicas del grupo. Si ya se han producido conflictos, ¿qué es lo que los ha provocado?, ¿cómo se han desarrollado? Sin este tiempo para el análisis, estos reglamentos se quedan a menudo en papel mojado, porque no se pueden aprovechar y no se confrontan a la complejidad de la realidad. Ante un caso de violencia, estos protocolos deberían, en mi opinión, establecer tres apartados: uno en torno a la persona víctima, otro en torno a la persona autora y un tercero que se centre en el grupo. El hecho de que este último se implique y reconozca su responsabilidad en la situación puede suponer que se planteen formaciones, el establecimiento de equipos o de personas referentes preparados para acoger estas situaciones, la reescritura de unos estatutos, la creación de instrumentos de gestión, etc. Permite igualmente enmarcar la comunicación interna (ante el resto del grupo, sobre todo cuando se trata de colectivos grandes) y externa sobre lo que ha ocurrido. Me he encontrado con muchos colectivos que han elegido publicar un texto después de que se hubiera producido una agresión en su seno para explicar lo que había ocurrido (sin dar nombres), así como las medidas que habían decidido tomar. Creo que ganaríamos mucho si hubiera muchos más colectivos que hicieran público lo que se desarrolla en su interior[25], de la misma manera que saldríamos ganando si escucháramos a las personas que han cometido actos violentos, que han reconocido sus acciones y asumido sus responsabilidades. Para mí es primordial que se conozcan estas dificultades, para quitarles su carácter privado: cuando hablamos y admitimos nuestros errores, así como cuando reconocemos nuestros logros, permitimos que se desarrollen herramientas comunes y un conocimiento colectivo sobre las formas de asumir las violencias o los conflictos.

¿Qué iniciativas?

Muchas de las prácticas sobre el terreno con las que yo me he encontrado a lo largo de mis investigaciones podrían interpretarse como iniciativas transformadoras, sin que ellas mismas se hayan nombrado así. Hay numerosos proyectos comunitarios que apoyan a las personas más vulnerables dentro de nuestros espacios. Estas iniciativas atañen a la salud, la vivienda, los trámites administrativos o incluso el trabajo. Sin estas iniciativas, hablar de justicia social o de autonomía abolicionista es imposible. La cuestión esencial del abolicionismo no gira tanto en torno a eliminar las cárceles y la policía como alrededor de lo que podemos construir en su lugar[26]. Después de años pasados en los entornos *queer* y autónomos, soy consciente de lo que somos capaces de hacer para adquirir recursos y potencia. He conocido mutualidades comunitarias pe-

---

[25] Con cuidado de no exponerse a denuncias penales o judiciales.
[26] R. W. Gilmore y N. Murakawa, «Covid-19, Decarceration, and Abolition», 2020, disponible en [haymarketbooks.org].

rennes en las que cada unx cotiza para permitir que todxs y las personas más pobres tengan un acceso igualitario a la sanidad. A veces, esas mutuas tenían incluso una caja solidaria a la que se podía aportar para desarrollar proyectos individuales, militantes, artísticos, etc. He asistido a numerosos cursos para aprender a acceder a mis derechos sociales, a defenderme físicamente o incluso que me ayudaban a afrontar episodios de depresión. He asistido a la apertura de lugares que podían acoger a personas cuyo estado psicológico no les permitía vivir solas o a la creación de equipos para encargarse de crisis psicóticas. He trabajado en un bar y en supermercados organizados como cooperativas, sin jefes ni accionistas. He perdido la cuenta de la cantidad de comedores de precio justo que he visto nacer, o de okupas o alojamientos compartidos que podían acoger a personas sin hogar. Todas esas iniciativas mitigan las debilidades del Estado. Que esta cultura de la autonomía crezca, que se extienda por todo el país, nos permitirá crear un sistema alternativo e igualitario. En este terreno, alimentado por todos estos proyectos, es donde se puede desarrollar y ampliar una justicia transformadora.

En su artículo «Semillas de libertad. Preparar el terreno para la abolición en Durham, Carolina del Norte»[27], Alexis Pauline Gumbs, militante *queer* racializadx, evoca las iniciativas que surgieron después de una serie de agresiones sexuales en su ciudad. Durham (Estados Unidos) es una ciudad pobre, vinculada al cultivo intensivo del tabaco, donde el trabajo en las plantaciones ha consumido vidas enteras. La explotación, la enfermedad y el mantenimiento de una franja de la población racializada en un sistema poscolonial traumatizan y agotan a sus habitantes. En este «humus tan particular, tan duro, tan intenso, que aglutina aún los remanentes de la esclavitud y un sistema de supremacía blanca impuesto por las formas de vio-

---

[27] Dosier «Justice transformatrice», en el n.º 88 de la revista *Multitudes*, 2022. Coordinación del dosier y traducción del texto: Emma Bigé y Camille Noûs.

lencia física y sexual contra muchísima gente, desde hace generaciones; en esta tierra imposible, es en la que hay algo que brota». Alexis Pauline Gumbs compara la lucha comunitaria contra las violencias con una huerta que surge junto al fango de las plantaciones de tabaco; una huerta alimentada por la creencia de que la vida «es a la vez imprevisible y posible en todo momento».

Cada iniciativa comunitaria dentro de Durham refuerza el tejido social: una asociación cultural para mujeres negras, frescos murales realizados por un profesor de dibujo sobre «la herencia envenenada de la industria tabaquera», la economía alternativa de una mujer que vende comida india casera, etc. Estos proyectos comunitarios crean cimientos sólidos «para poder responder a la violencia sin reforzar el complejo industrial-carcelario»: «Es crucial revolver el suelo de nuestras comunidades para ver qué se esconde ahí, para descubrir qué brota de él. ¿Qué cosas han sido reducidas al silencio por culpa del peligro? ¿Qué es lo que olvidan las representaciones dominantes de nuestra ciudad? Esas son nuestras fuentes primarias».

Este artículo me recuerda que si miro a mi alrededor, en mi ciudad, en los lugares que frecuento y dentro de mis redes de sociabilidad, puedo percibir toda la fuerza que reside en nosotrxs y la belleza que somos capaces de crear. Todos los días nos bombardean con noticias relacionadas con la crisis climática, con las guerras, con la crisis financiera y la inflación. Volver a un nivel local, a la escala de nuestro barrio o de nuestro grupo de amistades permite ver que tenemos un poder muy concreto sobre nuestras propias existencias y las de nuestros semejantes. En mi opinión, por ahí es por donde tenemos que empezar a «revolver el suelo de nuestras comunidades», para que brote de ahí un proyecto político viable y lleno de esperanza.

En mi opinión, una justicia cuyo horizonte sea la equidad social y la igualdad necesita estructurarse en un nivel relativamente amplio, a escala tanto de una comunidad concreta como de la sociedad en su conjunto. Estos procedimientos implican pensar en todo lo que engendra un comportamiento ilegal: la situación material, física y psicológica de la persona, así como su entorno sociocultural. Hay que actuar sobre el contexto a la vez que se acompaña a la persona según lo que haya vivido. Las personas que tienen comportamientos violentos a menudo los han sufrido con anterioridad[28]. En las comunidades *queer*, por ejemplo, no es extraño que las personas denunciadas a las que yo he acompañado hayan de hecho reproducido lo que ellas mismas sufrieron. Esto no disculpa en absoluto los daños cometidos, pero tomar en cuenta esos mecanismos es algo esencial cuando se trata de sostener un discurso coherente frente a ellas y ante la sociedad: todas las violencias deben ser condenadas y, en cuanto militantes por la justicia social, debemos de luchar contra ellas en su conjunto. Solamente así podrá contenerse el ciclo de las violencias.

La creación de organizaciones que puedan acompañar a las personas en términos de ayudas sociales, financieras, administrativas, psicológicas, médicas, de acceso a la educación, al empleo, a la vivienda, etc., permite trabajar sobre el contexto global. Aunque la justicia sea uno de los ámbitos que mejor pueda vehicular una filosofía transformadora, otros pueden también desarrollar este enfoque, como la educación, el campo de la salud mental… Los procesos de justicia intracomunitaria no podrían aplicarse sin intermediaciones que puedan colmar las carencias de una sociedad capitalista desigual. Para nuestras comunidades, estas intermediaciones constituyen también interventorxs más neutrxs, menos implicadxs directa y personalmente en los conflictos. Contar con una intermediación cuando tomamos a nuestro cargo a una persona autora o víctima de violencia evita el agotamiento y hace posible plantear límites muy claros respecto al propio papel desempeñado. Por ejemplo, crear un vínculo con unx psicólogx permite redirigir a las personas que experimentan sufrimiento psíqui-

---

[28] Sobre este tema, véase por ejemplo el pódcast *Injustices*, «Ou peut-être une nuit», Louie Media, 2020.

co hacia un acompañamiento competente. Esta manera de abordar las cosas reduciría los delitos vinculados con un contexto estructural desventajoso (como el robo, el tráfico de droga…). Se podrían también visibilizar las estructuras y centros de ayuda que cuenten con miembros de varios oficios distintos con el fin de acoger a las personas que hayan cometido actos graves y que necesiten una vigilancia particular sin pasar por el castigo.

En este sentido, nos beneficiaríamos si se multiplicaran iniciativas como el grupo Psy Psy[29]. Estxs voluntarixs han desarrollado una red de apoyo mutuo y ayuda psicológica[30] en la meseta de Millevaches (Lemosín). Desde 2011, el colectivo se moviliza para dar apoyos puntuales o de larga duración a personas con sufrimiento psíquico, recurriendo especialmente a prácticas de ayuda mutua cultivadas en esta región por su comunidad[31]. El procedimiento es el siguiente: una persona en situación de malestar psíquico (o una persona cercana a esta) contacta con la red; un equipo se encarga del seguimiento y se reúne con la persona para poder evaluar con ella su situación y sus necesidades. El grupo funciona en colaboración con profesionales de todo tipo (psicología, psiquiatría, médicos de cabecera, enfermería, estructuras de acogida psiquiátrica con prácticas no represivas, nutrición, etc.) para pasar el relevo según las necesidades. Después de esta primera evaluación, se establece una propuesta de apoyo concreta, que se reajustará con el paso del tiempo. El principio fundamental del grupo es «hacer lo que se dice y decir lo que se hace». Dicho de otra

---

[29] Para más detalles, véase L. Rivers Moore, «Psy psy», folleto, ilustración: Camille Foucou, 2019, disponible en [syndicat-montagne. org].

[30] Sobre el tema de la salud mental y del apoyo mutuo, véanse el trabajo del colectivo Soin Soin (ZAD Notre-Dame-des-Landes) y Coll., «Guide de navigation en eaux troubles», *Zinzin Zine*, 2021, disponible en [zinzinzine.net].

[31] Dijoncter.info, «Psy psy. Le groupe d'entraide et de soutien psy du plateau de Millevaches», 2021, disponible en [dijoncter.info].

manera, ser explícito en su funcionamiento y sus propuestas y mantener sus compromisos. El papel de la comunidad en torno a este dispositivo es especialmente interesante. Se hace una lista de las personas cercanas que podrían aportar su ayuda de manera muy concreta, a la vez que de las personas de las que se hacen cargo. Por ejemplo, si se trata de ayudar a una madre de familia aislada que no consigue salir de su casa, se pueden encontrar a personas que vayan a buscar a sus criaturas a la escuela o a hacer la compra. En ese sentido, el equipo encargado tiene una función limitada: encontrar y hacer una lista de las personas-apoyo y ponerlas en relación con la persona objeto del seguimiento, determinar con precisión sus límites personales y temporales, y hacer un seguimiento regular a la persona objeto del acompañamiento y a las personas de apoyo. El equipo cuenta con espacios de intervisión en el marco del grupo Psy Psy. Este dispositivo tiene como objetivo evitar que el equipo encargado y las personas-apoyo sobrestimen sus capacidades. En efecto, es ahí donde reside el riesgo principal de lxs acompañantes: sobrepasar sus propios límites. Las personas que se postulan como cuidadoras y apoyos, incluso las voluntarias no profesionales y las que no tienen formación, pueden tener una tendencia a adoptar el papel de salvadoras, lo que puede conducirlas a descuidar las señales de cansancio físico o agotamiento psicológico. Sin embargo, conocer los límites y las capacidades propias es una de las primeras condiciones para hacer este tipo de trabajo. En este sentido, la intervisión, la supervisión y la evaluación posterior son herramientas valiosas que permiten que otras personas den la voz de alarma en caso de detectar un problema.

Vemos entonces que este sistema funciona mejor cuando moviliza a la comunidad. Las intermediaciones de ayuda se multiplican; cada persona puede entonces dedicarse a ello en la medida de sus capacidades y parar en cualquier momento (después de haber hecho llegar la información al equipo). El papel individual de cada persona es limitado: nadie puede encargarse por completo y por su cuenta del individuo en situación de necesidad. La estructura del grupo permite centralizar la información del equipo (funciones y disponibilidad de cada unx, calendario, relaciones con lxs profesionales de sanidad), a la vez que cada persona comprometida tiene una responsabilidad y la posibilidad de asumir sus compromisos. El equipo no es todopoderoso, lo que limita el riesgo de un abuso de poder hacia la persona vulnerable. Este último punto es primordial; los espacios de cuidado son especialmente proclives a los abusos de poder. Colocar a individuos que no tienen la capacidad de plantear sus límites frente a personas que no son claras en lo que respecta a sus propios intereses y motivaciones puede ser una fuente de peligro. Aquí es donde el colectivo y la comunidad así como la implicación de profesionales del cuidado con formación constituyen valiosas garantías. Esta organización es uno de los numerosos ejemplos que pueden derivarse de una filosofía transformadora, en este caso en el campo de la salud mental. Estas iniciativas intracomunitarias se desarrollan en cada territorio: en Bretaña, en Lyon, en Dijon, en Marsella, y se trataría de crear vínculos entre ellos, así como de recopilar actas y archivos.

Hoy en Francia hay numerosas herramientas y teorías para trabajar sobre los colectivos y sobre las relaciones de poder que actúan en ellos, entre las que se encuentran el socioanálisis (véase en este sentido el «Anexo 2. El socioanálisis y su empleo por parte del colectivo»), la psicosociología, la mediación relacional, las constelaciones familiares, el método de los 12 pasos de Alcohólicos Anónimos, etc. Cuando nos interesamos en esos métodos, hay que acordarse de verificar la importancia que se les da a las relaciones estructurales de opresión. Estamos inmersxs en una sociedad invadida por la *new age* y el desarrollo personal[32], que han popularizado numerosas herramientas despolitizadoras. Parten del postulado de que el bienestar del individuo reside en su mayor parte en su buena

---

[32] Sobre este tema, véase el pódcast de Élisabeth Feytit, *Méta de Choc*.

voluntad y en su capacidad de trabajar en dirección a lograr «un mejor yo». Esta visión silencia por completo las condiciones estructurales en las que evoluciona cada persona. Por ejemplo, las técnicas como la «comunicación no violenta» se basan en la idea de que una «buena comunicación» es una no violenta y de que esta a su vez depende únicamente de sus protagonistas; presupuestos que invisibilizan las relaciones de poder que subyacen bajo los intercambios humanos, a la vez que clasifican las formas «buenas» y «malas» de hablar y de comportarse (cuyo criterio se encuentra, una vez más, en manos de personas blancas, cisgénero, de clase media/alta). Una vez que se ha establecido este punto, hacer puentes entre los espacios militantes y los entornos universitarios con la idea de intercambiar conocimientos puede ser una buena estrategia para estructurar y diversificar nuestros métodos. Igualmente, en el plano institucional se imparten numerosas formaciones gratuitas. Aunque se adscriben a un funcionamiento institucional, no dejan de ser especialmente ricas en términos de las referencias y las herramientas de las que podemos reapropiarnos. Mencionaremos, por ejemplo, el trabajo del Institut Français de Justice Restaurative, que propone formaciones gratuitas; el trabajo del CRIAVS (Centre de Ressources pour les Intervenants Auprès des Auteurs de Violences Sexuelles), cuya página web tiene numerosos recursos, referencias y formaciones gratuitas; o incluso las Asociaciones de Ayuda a las Víctimas[33], así como los centros de planificación familiar.

Las iniciativas intracomunitarias son una de las maneras de paliar el fracaso de las instituciones estatales. Hoy en día somos muchxs quienes con nuestra labor sustituimos lo que deberían ser funciones del Estado y de sus instituciones (acceso a la salud, al agua potable, a una alimentación, una justicia funcional, educación, etc.). Sin embargo, todo esto no podrá constituirse como una solución perenne y satisfactoria si no se desarrolla una red comunitaria y solidaria en todo el terri-

---

[33] Se puede encontrar en [association-aide-victimes.fr].

torio. He conocido a muchxs militantes de base agotadxs y desbordadxs por la amplitud de la tarea. Debemos imperativamente desarrollar vínculos nacionales y transnacionales, así como encontrar ayudas en el nivel institucional. Ello requiere ceder ante nuestrxs aliadxs sobre el terreno y desarrollar lazos definidos a pesar de nuestros desacuerdos políticos. En mi opinión, estas concesiones son necesarias si queremos lograr una autonomía militante para convertirnos en auténticas potencias locales en materia de justicia social.

ANEXO 1

Genealogía e iniciativas recientes de la justicia transformadora

Antes de ser una teoría, la justicia transformadora es un conjunto de prácticas dispares. Estas han sido elaboradas por las comunidades militantes, especialmente por las comunidades antirracistas y feministas de Estados Unidos en las décadas de 1990 y 2000. Aunque no se trata aquí de presentar un cuadro exhaustivo de las iniciativas norteamericanas, exponer sus raíces permite hacer justicia a las comunidades y a las numerosas personas que han contribuido a su elaboración[1]. En los últimos años han surgido muchas iniciativas locales, principalmente para responder a las violencias sexuales e intrafamiliares. Entre ellas, podemos destacar:

- INCITE! Women of Color Against Violence[2]: organización militante nacional compuesta por mujeres feministas y racializadas. Trabajan para terminar con la violencia contra las mujeres y comunidades racializadas desde un prisma abolicionista y transformativo.
- Critical Resistance[3]: organización que busca establecer un movimiento internacional para poner fin al complejo industrial-carcelario y a la creencia que dicta que el encarcelamiento y el control de las poblaciones son una fuente de seguridad. Pone a disposición recursos para

---

[1] Para profundizar más, la página web [abolirlapolice.org] del colectivo Matsuda ha recopilado varios textos que se refieren a estas organizaciones traducidos al francés. Para los recursos en inglés, dirigirse a las webs de los grupos o de lxs militantes que se citan a continuación.

[2] [incite-national.org].

[3] [criticalresistance.org].

aprender a enfrentarse a los conflictos cotidianos sin llamar a la policía; por ejemplo, en los casos de robo o de un pequeño accidente de coche.

– Philly Stands Up: grupo procedente de Filadelfia, ahora con implicación a escala nacional, que se dedica a los temas del consentimiento (sexual), de las agresiones sexuales, de la violencia en el seno de la pareja y de la responsabilidad comunitaria según una óptica de justicia transformadora. Propone talleres y apoyos para promover la responsabilidad comunitaria, a la vez que produce una crítica de los sistemas de opresión.

– Coalition Against Rape and Violence (CARA)[4]: centro de recursos y ayuda para las personas víctimas de violencias sexuales.

– GenerationFIVE[5]: ofrece información y directrices de justicia transformadora para encargarse de los abusos sexuales sobre las infancias[6].

– Creative Intervention[7]: colectivo que proporciona herramientas y recursos para ayudar a crear respuestas comunitarias y colectivas a la violencia de género y sexual. En 2020 creó una caja de herramientas (Creative Intervention Toolkit) que es un manual para enfrentarse a un hecho violento dentro de una comunidad[8].

– Bay Area Transformative Justice Collective (BATJC): colectivo comunitario compuesto de individualidades que trabajan para construir y ofrecer respuestas de justicia transformadora ante los abusos sexuales cometidos sobre las infancias. Plantean un futuro en el que las co-

---

[4] [cara-cmc.org].

[5] El nombre hace referencia a su objetivo de detener las agresiones sexuales sobre la infancia en cinco generaciones, [generationfive.org].

[6] Sobre el recurso a la justicia transformadora en los casos de incesto y agresiones a menores, véase *Hollow Waters* (2000), en acceso libre en [onf.ca].

[7] [creative-interventions.org].

[8] [creative-interventions.org/toolkit/].

munidades puedan intervenir en los casos de abusos sexuales sobre las infancias de manera que no solamente se pueda prevenir la violencia y los daños futuros, sino también cultivar activamente la sanación y la responsabilidad para todxs lxs supervivientes, espectadorxs y personas que hayan abusado de otras personas.

– TransformHarm[9]: centro de recursos para terminar con la violencia y por la justicia transformadora. Creado por Mariame Kaba (teórica de la justicia transformadora), la web incluye una selección de artículos, recursos audiovisuales y programas de enseñanza, etcétera.

Aunque estos colectivos hayan contribuido en gran medida a desarrollar la justicia transformadora a nivel nacional, esta ha sido también abanderada por Ruth Wilson Gilmore[10], Mariame Kaba[11], adrienne maree brown[12], Kai Cheng Thom[13], Ejeris Dixon[14], Leah Lakhmi Piepzna-Samarasinha[15], Kim

---

[9] [transformharm.org].

[10] Véase R. W. Gilmore, *Change Everything: Racial Capitalism and the Case for Abolition*, Chicago, Haymarket Books, 2022.

[11] Véanse D. Berger, M. Kaba y D. Stein, «What Abolitionists Do», *Jacobin Magazine*, 2017, disponible en [jacobinmag.com]; y M. Kaba, *Transform Harm Resource Hub*, *Transform Harm*, 2020, disponible en [transformharm.org].

[12] Véanse A.-M. Brown, *Emergent Strategy: Shaping Change, Changing Worlds*, Edimburgo, AK Press, 2017; *We Will Not Cancel Us And Other Dreams of Transformative Justice*, Edimburgo, AK Press, 2020; y *Holding Change: The Way of Emergent Strategy Facilitation and Mediation*, Edimburgo, AK Press, 2021.

[13] Trabajo disponible en [kaichengthom.com].

[14] Véanse T. Amezcua, E. Dixon, Ch. J. Rene Long, *Ten Lessons for Creating Safety without Police*, 2016, disponible en [transformharm.org]; y E. Dixon y L. L. Piepzna-Samarasinha, (eds.), *Beyond Survival: Strategies and Stories from the Transformative Justice Movement*, Chico, AK Press, 2020.

[15] Véanse L. L. Piepzna-Samarasinha, *Care Work, Dreaming Disability Justice*, Vancouver, Arsenal Pulp Press, 2018; E. Dixon y L. L. Piepzna-Samarasinha (eds.), *op. cit.*; y Chen Ching-In, J. Dulani y L. L. Piepzna-Samarasinha (eds.), *op. cit.*

Mimi[16] o incluso Shannon Perez-Darby[17]. Estxs pensadorxs y militantes son, en su mayoría, personas racializadas y *queer*, con un enfoque abolicionista, feminista, antirracista y antiimperialista de las violencias que han sufrido sus comunidades. Estos grupos han inventado y ofrecido herramientas para responder a las violencias sin pasar por la policía y la justicia estatal, y para devolver el poder a las comunidades en cuyo seno se desarrollan dichas violencias. Este poder se encarna especialmente en el hecho de sostener individual, material y concretamente a las personas víctimas, pero también en el hecho de acompañar hacia su transformación a las personas que han cometido las violencias. La justicia transformadora se amplía igualmente mediante la pedagogía y la sensibilización, la puesta a disposición de recursos y su transmisión. Según la definición propuesta por Le Bay Area Transformative Justice Collective, un colectivo fundacional en el paisaje de la justicia transformadora californiana[18], dicha justicia propone respuestas a la violencia que buscan:

- No engendrar más violencia/daño (como sucede cuando se recurre a la cárcel, a la policía, al sistema judicial penal) y no perpetuar la violencia sistémica (la opresión, las normas sociales nefastas, la criminalización).
- Trabajar para responder a las necesidades inmediatas de justicia (seguridad, sanación, conexión, responsabilidad) para producir igualmente una visión de largo alcance de la liberación (un mundo sin cárcel y opresión en el que no exista la violencia sexual).
- Trabajar para luchar contra las variedades de la violencia contemporánea de manera que modifiquemos las condi-

---

[16] Véase su trabajo con Creative Intervention, disponible en [creative-interventions.org/about-ci].
[17] Véase su web [accountablecommunities.com].
[18] Se puede encontrar en [batjc.wordpress.com].

ciones que permiten que se produzcan dichas violencias y prevenir futuros daños.

– Comprender que los actos dañinos individuales no tienen únicamente un impacto individual, sino también un efecto colectivo, y que deben, por lo tanto, resolverse de manera colectiva.

ANEXO 2

El socioanálisis y su empleo por parte del colectivo

El socioanálisis es especialmente interesante por lo que tiene que decir acerca del papel del colectivo y de la manera en la que se intercambian las fuerzas cuando nos encontramos en una situación de crisis. En la década de 1970, en Francia, debido al influjo de los movimientos sociales de Mayo del 68, se produjo un cambio de paradigma en numerosos campos de investigación, especialmente en la psicología, el psicoanálisis, el derecho o incluso la sociología. Se crearon ramas críticas que buscaban convertir el objeto de estudio (paciente, cliente, etc.) en sujeto; lxs profesionales se convierten en un apoyo y acompañamiento que no deforma el pensamiento de su interlocutorx. Aquí es donde la conjunción entre estas esferas y la justicia transformadora o intracomunitaria es pertinente: lxs profesionales se retiran para que las personas afectadas lleven los mandos y estén en el centro del análisis. Producto del encuentro de los filósofos y sociólogos franceses Georges Lapassade y René Lourau, el socioanálisis (o análisis institucional) supone el ejemplo perfecto de una herramienta universitaria que puede inscribirse dentro de las luchas militantes. Desarrollado en la década de 1970, el socioanálisis es un método de intervención sobre el colectivo. Se deriva de la psicosociología, campo teórico y práctico que analiza la manera en la que el individuo y el grupo actúan entre sí y se influyen mutuamente. Relativamente presente en entornos como el de la educación popular, merecería ser más conocido y expandirse más (hoy hay apenas menos de cuarenta personas que lo ejerzan en Francia). El trabajo del socioanálisis consiste en reunir a las partes implicadas en una situación de crisis con el fin de llevar a cabo una investigación colectiva sobre los nudos que han llevado a la necesidad de la intervención. Se trata en cierto modo de responder a la pregunta: ¿por qué tiene el grupo necesidad de una intervención por parte de personas externas? Uno de sus principios fundamentales es el no-saber: lxs interventorxs son expertxs en el método; el grupo es experto en la situación. Este último es quien posee los instrumentos para transformarla. El socioanálisis entiende que las demandas del grupo son el punto de partida y lo único que garantiza es que se tratará cualquier cuestión abordada. El socioanálisis se lleva a cabo a lo largo de un periodo de entre tres y cinco días, y la forma de esta intervención es en sí tan poco habitual (encontrarse en grupo durante varios días del tirón para hablar sobre una situación problemática determinada) que eso ya provoca una desestabilización, o mejor dicho, una molestia. Precisamente por eso todas las tensiones subyacentes afloran a la superficie y el grupo puede adueñarse de ellas. Por otro lado, el socioanálisis propone un trabajo de crítica sobre las estructuras y las relaciones de poder dentro del grupo, lo que hace de esta disciplina una herramienta interesante para los entornos militantes anticapitalistas. Ha habido socioanalistas en diversos entornos: en escuelas, empresas, viviendas colectivas o incluso asociaciones. A diferencia de las herramientas de gestión del conflicto que defiende la «comunicación no violenta»[1], el socioanálisis teoriza, visibiliza y utiliza las relaciones de dominación que atraviesan los grupos. A propósito de una intervención, que implicó a varios centenares de personas, realizada en una red de centrales nucleares[2], Christiane Gilon señalaba que durante el socioanálisis se produjo una redistribución del poder. Lxs asalariadxs

---

[1] Sobre este tema, véase colectivo Fracas, «La justice restaurative», 2022, disponible en [collectif-fracas.fr].

[2] Ch. Gilon y P. Ville, *C'est arrivé demain dans les centrales nucléaires. Nouveau Paradigme Provocateur du Réseau des Producteurs du Futur,* París, EDF, 2006.

116

pudieron expresar sus quejas y las problemáticas con las que se encontraban en su trabajo sin riesgo de represalias por parte de sus jefes después de la intervención. Como el debate condujo a lxs dirigentes a asumir compromisos ante el colectivo, estxs últimxs se vieron prácticamente obligadxs a cumplirlos *a posteriori* por la presión del grupo. El colectivo, en cierto modo, acaba por contrarrestar el poder adquirido por una posición jerárquica elevada. El número de personas que asisten a una decisión se convierte en la garantía de que esta se aplicará bien. Este mecanismo es una prueba de cómo el peso del colectivo influye en los compromisos individuales.

ÍNDICE

AKAL / PENSAMIENTO CRÍTICO
ÚLTIMOS TÍTULOS PUBLICADOS

Manon Garcia
Vivir con los hombres
Reflexiones sobre el juicio Pelicot
978-84-460-5729-1 | 176 pp.

Alberto Toscano
Fascismo tardío
Raza, capitalismo y las políticas de crisis
978-84-460-5682-9 | 224 pp.

Alberto Santamaría
El único planeta verdaderamente alienígena es la Tierra
J. G. Ballard, guía para usuarios del desastre
978-84-460-5686-7 | 256 pp.

Shlomo Sand
Una raza imaginaria
Breve historia de la judeofobia
978-84-460-5656-0 | 144 pp.

Z. Ali, R. S. Dieng, S. Federici, V. Gago, C. Meloni,
L. Olufemi, D. Ribeiro, S. Valencia y F. Vergès
Ganar el mundo
Herencias feministas
978-84-460-5640-9 | 192 pp.

Steven Forti
Democracias en extinción
El espectro de las autocracias electorales
978-84-460-5611-9 | 344 pp.

Ilan Pappé
Los diez mitos de Israel (2.ª edición)
978-84-460-5615-7 | 208 pp.

María do Cebreiro Rábade Villar
Maternidades virtuosas
Una crítica a los modelos de crianza
978-84-460-5591-4 | 160 pp.

César Rendueles
Comuntopía
Comunes, postcapitalismo y transición ecosocial
978-84-460-5493-1 | 208 pp.

Jennifer Guerra
El capital amoroso
Manifiesto por un eros político y revolucionario
978-84-460-5500-6 | 120 pp.

Richard Seymour
La tierra desencantada
Reflexiones sobre ecosocialismo y barbarie
978-84-460-5525-9 | 144 pp.

Susie Alegre
Libertad de pensamiento
La larga lucha por liberar nuestra mente
978-84-460-5417-7 | 400 pp.

Jaime Vindel
Cultura fósil
Arte, cultura y política entre la Revolución industrial y el calentamiento global
978-84-460-5334-7 | 496 pp.

Gerardo Pisarello
Dejar de ser súbditos (2.ª edición)
El fin de la restauración borbónica
978-84-460-5353-8 | 336 pp.

Jesús Casquete (ed.)
Vox frente a la historia
978-84-460-5385-9 | 144 pp.

Lucía Cirmi Obón
Economía para sostener la vida
978-987-836-732-3 | 232 pp.

José Luis Moreno Pestaña y Jorge Costa Delgado (coords.)
Todo lo que entró en crisis
Escenas de clase y crisis económica, cultural y social
978-84-460-5313-2 | 512 pp.